SCHÖNE
EISENBAHNEN

SCHÖNE EISENBAHNEN

J. B. SNELL

MUNDUS VERLAG

Vorbemerkung

Für freundliche Hinweise und Unterstützung bei der Vorbereitung dieses Buches sagt der Verfasser den Herren L. T. C. Rolt, A. E. Durrant, P. M. Kalla-Bishop und P. B. Whitehouse herzlichen Dank.

Ebenso danken Autor und Verlag allen, die Bildvorlagen aus ihren Sammlungen zur Verfügung gestellt haben: P. M. Alexander, Bild 109; Robert C. Bishop, Bild 76; T. H. Cobb, Bild 130; Messrs Coverdale and Colpitts (William H. Coverdale Collection), Bilder 48—50, 55, 79, 82, 83, 106; Derek Cross, Bilder 95, 113; Terence Cuneo, Bild 9; Donald Duke, Bild 77; A. E. Durrant, Bilder 68, 119; Gordon Glattenberg, Bild 132; P. Greensdale, Bild 36; F. J. G. Haut, Bilder 3, 4, 64—67, 123; P. V. Hodge, Bilder 92, 97; J. M. Jarvis, Bild 127; R. H. Kindig, Bild 80; Mrs H. M. le Fleming, Bilder 78, 115, 116, 120; Arthur L. Lloyd, Bild 103; Noel Palmer (New Zealand Railways), Bild 118; A. L. Papp Jr, Bild 93; Dr P. Ransome-Wallis, Bild 125; P. J. T. Reed, Bilder 61, 104, 108; John H. Scholes, Bild 9; M. C. Schrader, Bild 128; W. M. Stuart, Bilder 107, 118; P. B. Whitehouse, Bilder 87, 96, 109; Messrs Wiggins, Teape and Pirie Co Ltd, Bild 9; James C. Wren, Bild 91.

Für weitere Bilder gaben verschiedene Eisenbahngesellschaften und andere Institutionen freundlicherweise die Genehmigung zur Veröffentlichung in diesem Buche, und zwar: die Alexander Turnbull Library, Wellington, New Zealand, Bilder 92, 97; die Association of American Railroads, Bild 59; die Baltimore and Ohio Railroad Co, Bilder 25, 54, 63; das British Museum, Bilder 2, 27, 33, 34, 40, 43, 58, 75, 85, 100, 101, 102, 110; die Deutsche Bundesbahn, Bilder 39, 57, 124, 126; die Library of Congress, Washington, Bild 74; die Missouri Pacific Lines, Bild 117; das Museum der Stadt Wien, Bild 41; die Pennsylvania Railroad Co, Bild 53; Messrs Frank T. Sabin, London, Bilder 16, 17, 19—22, 24, 44, 45, 51, 52; die Santa Fe Railroad Co, Bild 114; die Schweizerischen Bundesbahnen, Bilder 60, 94, 131; das Science Museum, London, Umschlagbild und Bilder 1, 7, 8, 10, 11, 12—15, 18, 23, 26, 35, 37, 111; die Southern Pacific Co, Bild 98; die Southern Railway Co (USA), Bild 46; *La Vie du Rail*, Paris, Bilder 28, 38, 47, 56, 70—72, 90, 105.

Alle Fotos der William H. Coverdale Collection wurden von Brenwasser (New York) aufgenommen; Bild 87 von Messrs Colourviews Ltd; die Bilder 5, 6, 88, 89, 112, 121, 122, 129 vom Verfasser.

Technische Erklärungen

Dieses Buch folgt in der Bezeichnung der Lokomotivtypen der allgemeineuropäischen Praxis. Im Gegensatz zur englischen und amerikanischen Zählung nach Rädern (Whyte notation) werden in Deutschland und im übrigen Europa die Achsen gezählt. Eine amerikanische Pacific-Lokomotive, die im englischen Original dieses Buches mit 4-6-2 bezeichnet wird, erscheint daher hier als 2-3-1. Wollte man sie in der spezifisch deutschen Weise benennen, so müßte dieser Typ 2'C 1 heißen. Da es sich in diesem Buch bei den weitaus meisten um außerdeutsche Lokomotiven handelt, empfahl sich die internationale Zählweise.

Die englische Meile zu 1,5 km ist in dieser Übertragung fast überall in Kilometer umgerechnet. Nur wo es für den historischen Charakter der Darstellung passender erschien, ist gelegentlich die Meile beibehalten. Die Steigungen sind in Promille-Zahlen ausgedrückt.

Gesamtherstellung: Druckerei Ernst Uhl, Radolfzell
Umschlag: Herbert Tausend, München

Printed in Germany
ISBN 3-88385-014-4

Inhaltsübersicht

ERSTES KAPITEL

Die Anfänge der Eisenbahn

Schienen und das Prinzip der Steuerungsfreiheit machen das Wesen der Eisenbahn aus. Durch die Schienen wird die Reibung beim Transport schwerer Lasten reduziert, durch die Führung der Räder jedes Lenken überflüssig. So definiert, sind Eisenbahnen viel älter, als die meisten Menschen glauben. Während die Römer systematisch ganz Europa mit einem Netz von Straßen überzogen, machten sich die Griechen nicht die Mühe, zwei bis drei Meter breite Straßen mit steinernem Unterbau anzulegen. Ihren Bedürfnissen genügten zwei schmale, in den Fels gehauene Furchen. Diese primitiven Schienenwege waren die Vorläufer unseres Eisenbahnsystems. Sie boten eine glatte Fahrspur mit verhältnismäßig geringer Reibung sowie eine Führung für die Räder. Aus Resten, die sich verschiedentlich rund um das Mittelmeer erhalten haben, ist zu erkennen, daß diese Anlagen schon recht kompliziert waren. Sie enthielten Abzweige sowie Überholspuren und folgten mit möglichst geringer Steigung dem Verlauf der Höhenlinien.

Solche Schienenwege konnten aber nur da angelegt werden, wo der Untergrund felsig war. So blieben sie auf wenige Stellen beschränkt und boten hier eine gewisse Arbeitserleichterung; doch wären die dabei verwandten Karren und Wagen ebensogut auf den römischen Straßen gefahren. Wie so manche Errungenschaft der Antike geriet diese Erfindung im Mittelalter in Vergessenheit. Eisenbahnen in unserem

1 *(links)* Blick auf Newcastle-upon-Tyne im Jahre 1783 von Gateshead aus. Im Vordergrund das Parkmoor-Gleis zum Kai, auf dem gerade ein Kohlenwagen herunterfährt. Der Fuhrmann sitzt mit auffallendem Gleichmut auf der Bremsvorrichtung

Sinne entstanden erst mit den Anfängen der Industrialisierung. In den Bergwerken war man vor die Aufgabe gestellt, schwere Lasten durch schmale Stollengänge über einen holprigen Untergrund zu bewegen, und erfand dafür – zuerst in Deutschland – Schienenwagen verschiedenster Art, von denen man seit etwa 1530 in den Schriften über die ersten Bergwerke Abbildungen finden kann. Zuerst liefen die Züge auf hölzernen Schienen und hatten Holzräder mit Spurkranz. Bald wurden die Gleise auch außerhalb der Gruben bis zu den Flußhäfen weitergeführt, denn ihr Vorteil gegenüber dem Transport auf unebenen, nassen Straßen lag auf der Hand. Das größte und historisch wohl bedeutendste Schienennetz entstand 1602 in den Kohlenfeldern von Newcastle-upon-Tyne. Um die Mitte des achtzehnten Jahrhunderts gab es dort schon über zwanzig Gleise.

Eine der frühesten Beschreibungen einer solchen Bahnanlage stammt von 1765. Die Schienen bestanden aus Eichenbohlen von abgewrackten Schiffen und waren etwa 18 cm hoch und 12 cm breit. Sie lagen auf Schwellen im Abstand von 60 bis 90 cm, die Spurweite betrug zwischen 90 und 150 cm. Da das Gefälle mit Hilfe von Tunnels, Bahndämmen und Brücken ausgeglichen war, vermochte ein einzelnes Pferd einen Wagen mit $2^1/_4$ Tonnen Kohle zu ziehen, ein Vielfaches der $^4/_5$-Tonnen-Last, die es im Höchstfall auf einer Straße bewältigen konnte. Bei steileren Hängen zwischen 5 und 7 % Gefälle wurde das Pferd ausgespannt, und der Wagen fuhr durch sein Eigengewicht bergab, wobei der auf der Bremsvorrichtung sitzende Fuhrmann die Bremse auf zwei Rädern betätigte. Die Ansicht von Newcastle und der Parkmoor-Bergwerksbahn von 1783 illustriert diese Situation [Bild 1]. Der Wagen befindet sich kurz vor einer steilen Abfahrt, ohne daß der Fuhrmann sich beunruhigt zeigt, während das Pferd ergeben hinterher trottet. Allein, ein so starkes Gefälle konnte auch recht gefährlich werden. Die hölzernen Schienen wurden bei Nässe schlüpfrig, und die Räder verloren dann jeden Halt. Deshalb setzte man an besonders steilen Stellen Jungen zum Sand- und Aschestreuen ein.

Solange man auf Holzräder angewiesen war, bestand keine Aussicht auf technische Verbesserung. Nachdem sie dann nach etwa 1760 allgemein durch gußeiserne Räder ersetzt waren, nutzten sich die Schienen allzu stark ab. So belegte man diese mit Holzleisten und später mit Eisenbändern, die sich indessen leicht ablösten. Was man brauchte, waren Schienen aus massivem Eisen. Wahrscheinlich gelang ihre Anfertigung zum erstenmal Richard Reynolds im November 1767. Bei seinem Eisenwerk in Coalbrookdale/Shropshire gingen die Geschäfte schlecht, und da er den Hochofen nicht ausblasen wollte, begann er für seinen eigenen Bedarf Schienen zu gießen. Sie erwiesen sich als äußerst praktisch, da sie nicht nur Reparaturkosten ersparten, sondern auch durch ihre geringere Reibung eine mehr als doppelt so schwere Ladung für ein Pferd ermöglichten.

Bis dahin wurden Eisenbahnen lediglich im Bergbau verwendet, und in der zweiten Hälfte des achtzehnten Jahrhunderts, der großen Zeit des Kanalbaues, hatte es den

2 Die Verladebrücke in Wallsend Anfang des neunzehnten Jahrhunderts. Hier wurde die Kohle nach dem Schienentransport ins Schiff gekippt. Durch das Gewicht des beladenen Transportkarrens senkte sich der Hebel mit der Plattform, und die leeren Wagen wurden durch Gegengewicht wieder hochgehoben

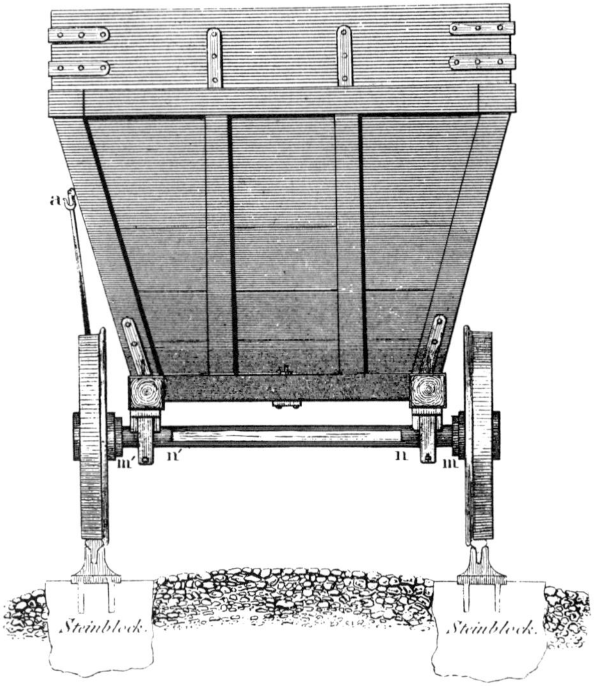

Anschein, als ob der Flußtransport die endgültige Lösung des Beförderungsproblems sei. Allein der Kanalbau war kostspielig und ging, besonders in unebenem Gelände, sehr langsam vonstatten. Die Schwierigkeiten wurden um so größer, je höher das Gelände anstieg, und nicht selten ging beim Bauen das Geld aus. Zur Versorgung solcher hochgelegenen Orte fingen die Ingenieure deshalb an, Zubringerbahnen zu bauen, und so kamen die Kanalgesellschaften von selbst dazu, sich mit beiden Formen des Transportes zu befassen und auch Kostenvergleiche anzustellen. Nachdem sie zuerst Eisenbahnen nur widerstrebend und in geringer Zahl gebaut hatten, änderte sich nun bald ihre Einstellung, weil sie deren praktische Vorzüge erkannten. So berichtet Nicholas Wood in seiner Abhandlung von 1831 über die Transportbahn von Brynmawr hinunter nach dem Breconkanal bei Govilon in Südwales, deren Anlage nur wenige Monate gedauert hatte. Obwohl sie eine bloße Nebeneinrichtung des Kanals war, warf sie fünf Prozent Gewinn ab, während die Kanalgesellschaft mit ihrem größeren Transportvolumen nicht einmal ein halbes Prozent Dividende zahlen konnte.

Durch ihre Verbindung mit dem Kanalbau zogen die Eisenbahnen zum erstenmal das Interesse der Fachingenieure auf sich. Diese fanden sich mit den herkömmlichen Spurkranzrädern der primitiven Praxis, deren Schienen ohne Seitenführung waren, nicht ab, und im Jahre 1797 ging Benjamin Outram zu einer L-förmigen gußeisernen Plattenschiene mit seitlicher Führung über. Plattenschienen florierten jetzt eine Zeitlang, besonders in Südwales. So vorteilhaft es war, daß die Wagen für diese Schienenform auch auf der Straße fahren konnten, zeigten die Schienen selbst erhebliche Mängel. Vor allem waren sie schon von der Form her nicht stabil genug; denn der eiserne Steg erhöhte ihre Widerstandskraft nur wenig, so daß Schienenbrüche an der Tagesordnung waren. Außerdem setzte sich Schmutz und Kies darauf fest, was die Reibung vergrößerte. So wurden sie nach und nach durch Profilschienen ersetzt. Eine einzige

Bahn mit Plattenschienen existierte als letztes Beispiel dieser Art noch bis gegen 1930 im Forst von Dean.

Im Jahre 1801 sah man sich durch allerlei Rückschläge veranlaßt, das alte Spurkranzrad wiedereinzuführen. Benjamin Wyatt von Bangor entwarf für die Transportbahn von Port Penrhyn nach den Schieferbrüchen von Penrhyn in Nordwales Schienen mit ovalem Profil für Räder mit konkaver Rille. Sie arbeiteten ausgezeichnet, jedoch die Räder nutzten sich an der Innenseite schnell ab. So ersetzte Wyatt die ovale Schiene durch eine Schiene mit flachem Profil, füllte die Vertiefung der Räder aus und war damit wieder bei Rädern mit doppeltem Spurkranz angelangt [Bild 5]. Dieses System existiert heute noch und ist in kleineren Steinbrüchen sogar die Regel geblieben. Obwohl es bei Weichen und Kreuzungen gewisse Schwierigkeiten mit sich brachte [Bild 6], hatte es einen großen Vorteil: Da die Räder lose auf den Achsen saßen, brauchte die Spurweite nicht allzugenau eingehalten zu werden.

Damals gab es schon Enthusiasten, die von einem umfassenden System von Pferdebahnen träumten, doch blieben

3 und 4 *(links)* Zwei Zeichnungen aus einem deutschen Buch (um 1820) mit pferdegezogenen Schienenwagen. Der eine zeigt das übliche Rad mit Spurkranz auf Profilschienen (oben), der andere das glatte Rad auf Plattenschienen (unten)

5 *(unten)* Aufnahme aus jüngster Zeit von Transportwagen mit Doppelspurkranzrädern, die auf der Nantlle-Bahn in Nordwales benutzt werden

6 Weichensystem für die Doppelspurkranzräder der Werkbahn in den Oakeley-Steinbrüchen/Blaenau Festiniog. Aus seiner Kompliziertheit erklärt sich, daß diese Gleisart sich nicht durchzusetzen vermochte

diese von rein örtlicher Bedeutung. Erst die Dampfkraft verwandelte die Eisenbahn in eine Macht, welche die Welt veränderte.

Ortsfeste Dampfmaschinen wurden seit Anfang des achtzehnten Jahrhunderts vor allem benutzt, um Wasser aus den Gruben zu pumpen; aber sie waren noch groß und schwerfällig. Sie erzeugten Dampf von niedrigem Druck und waren mit ihren enormen Zylindern und Kondensatoren zum Fahren ungeeignet. Eine fahrbare Dampfmaschine mußte mit Dampf von hohem Druck arbeiten und vor allem kleiner sein. James Watt, der die Dampfmaschine weitgehend verbessert und seine Erfindungen durch eine ganze Reihe von Patenten gesichert hatte, vertrat jedoch die Ansicht, die höchste Stufe der Vollkommenheit sei bereits erreicht, und verhinderte eine Zeitlang jeden weiteren Fortschritt in England. So schuf der Franzose Nicolas Cugnot 1769 das erste Fahrzeug mit Eigenantrieb, eine kopflastige, dreirädrige Lokomotive, die kurze Zeit auf einer öffentlichen Straße fuhr. Im Jahre 1784 baute dann Watts Schüler Wil-

liam Murdoch eine Modelldampflokomotive, sehr zum Ärger seines Meisters und zum Entsetzen des Pfarrers von Redruth, der mit dem Ruf, der Teufel sei hinter ihm her, auf der Landstraße vor ihr flüchtete.

Auf die Dauer konnte Watt sein Monopol für Dampfkraftmaschinen natürlich nicht behaupten, denn verschiedene andere Ingenieure befaßten sich schon mit der Konstruktion einer selbstfahrenden Dampfmaschine. Der erfolgreichste darunter war Richard Trevithick mit seiner Lokomotive in Coalbrookdale vom Jahre 1802. Samuel Homfray, ein Eisenhüttenbesitzer aus Südwales, sah sie und war so begeistert davon, daß er Trevithick eine solche Zugmaschine für die neue Bahn seiner Eisenwerke in Dowlais in Auftrag gab. Es handelte sich um ein Plattenschienengleis von 127 cm Spurweite und 13,5 km Länge. Trevithicks Lokomotive war die erste, die auf Schienen fuhr, und machte am 13. Februar 1804 auf dieser Strecke eine erfolgreiche Probefahrt mit einem beladenen Zug. Allerdings war die Lokomotive viel zu schwer für die gußeisernen Schienen und demolierte eine ganze Anzahl davon, so daß sie nach dieser ersten Fahrt nur noch als stationäre Dampfmaschine weiterbenutzt wurde. Jedenfalls war hiermit der Beweis erbracht, daß sich die Idee in die Praxis umsetzen ließ.

Bei seiner ersten Lokomotive war Trevithick von Watts Grundsätzen abgegangen: Er arbeitete mit verhältnismäßig hohem Druck (rund zwei Atmosphären) und ließ den Dampf im Zylinder expandieren, ehe er ausströmte. Dadurch hatte Trevithick das Verhältnis zwischen Gewicht und Leistung wesentlich verbessert, aber wie aus der Entwurfszeichnung seiner Lokomotive von 1805 für eine Zeche in Gateshead [Bild 7] hervorgeht, handelte es sich noch um eine recht primitive Maschine. Sie hatte nur einen einzigen Zylinder, der unzugänglich im Dampfkessel lag und mit Hilfe einer Gleitbahn und zwei verbundenen Kurbelstangen ein riesiges Schwungrad trieb. Der Dampfkessel war für diese frühe Periode fortschrittlich mit großen U-förmigen

7 Zweiter Lokomotivtyp Richard Trevithicks, den er 1805 in Anlehnung an seinen ersten Entwurf in Gateshead baute. Seine erste Lokomotive hatte ein Jahr zuvor den frühesten Dampfzug der Welt selbsttätig vorwärtsbewegt

Umkehrzügen und enthielt am einen Ende die Feuerung, am anderen den Schornsteinanschluß. Der Antrieb durch das Schwungrad erfolgte über ein Triebwerk. Trevithick hatte zwei technische Einzelheiten erfaßt, die seine Nachfolger erst nach längerer Zeit richtig erkannten. Er wußte, daß die natürliche Reibung zwischen glatten Eisenteilen seinen Triebrädern genügend Griffigkeit gäbe, was auch die Wissenschaftler dagegen einwenden mochten. Ebenso war ihm klar, daß nur ein künstlicher Zug das Feuer stark genug entfachen könne, um ausreichende Dampfmengen zu entwickeln, und diesen Zug erzeugte er sehr einfach, indem er den Dampf durch den Schornstein abblies.

Trevithicks Lokomotiven waren zu schwer für die Gleise, und nur aus diesem Grund blieb ihnen der Erfolg versagt. Die geringeren Betriebskosten der Lokomotiven wurden durch vermehrte Ausgaben für Gleisreparaturen mehr als wettgemacht. Als jedoch während der napoleonischen Kriege die Futterpreise stiegen und die Pferdehaltung sich stark

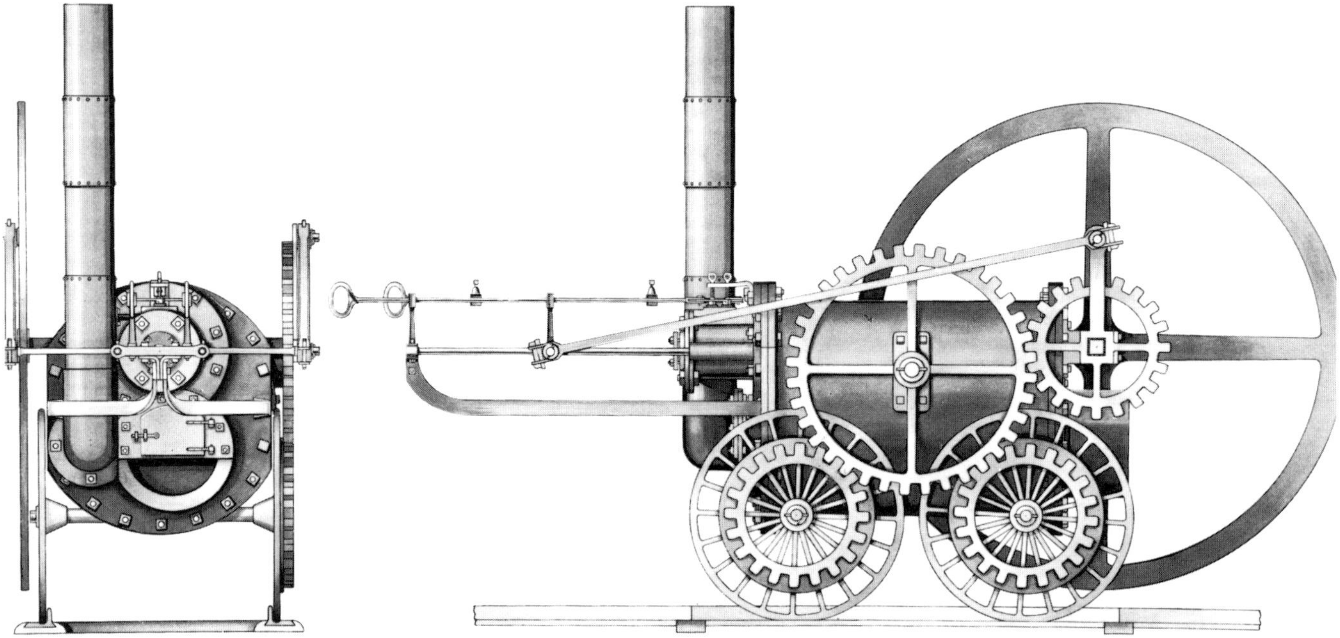

verteuerte, kamen die Unternehmer auf Trevithicks Ideen zurück. John Blenkinsop, Inspektor der Kohlengruben bei Leeds, entschloß sich, mit einer verbesserten Lokomotive zu arbeiten. Zur Vermeidung von Schienenbrüchen hatte er ihr Gewicht weitgehend reduziert und die daraus resultierende Verminderung der Reibung durch einen Zahnstangenantrieb ausgeglichen. Im Jahre 1811 erteilte er dem Inhaber einer Eisengießerei den Auftrag für den Bau von zwei Lokomotiven nach seinem Spezialpatent (mit einer Lizenz von Trevithick) und ließ die Gleise der Middleton-Kohlenbahn mit verstärkten gußeisernen Schienen versehen, die am Außenrand mit einer Zahnung ausgestattet waren.

Blenkinsops Lokomotiven [Bild 8] waren ein voller Erfolg. Seine Hauptneuerung bestand in der Verwendung von zwei Dampfzylindern statt eines einzigen. Dadurch wurde sowohl das Schwungrad entbehrlich als auch das Gestänge zur Überwindung des toten Punktes. Die Zylinder standen nun senkrecht im Kessel, so daß der Heizer nicht mehr der Gefahr ausgesetzt war, von dem vorbeigleitenden Kreuzkopf zu Tode gequetscht zu werden. Ein guter Einfall war die Zahnstange, wenn sie sich auch bald als unnötig erwies. Eine Eigenart von Blenkinsops Lokomotiven war, daß der Dampf nicht nach dem System von Trevithick direkt durch den Schornstein abgeblasen wurde, sondern getrennt davon abging, anfangs durch eine kurze Pfeife und später, weniger geräuschvoll, durch einen zweiten Schornstein. Vielleicht bedeutete bei seiner 3½ Meilen (5 km) langen Werksbahn das häufige, unfreiwillige Anhalten zur Erhöhung des Dampfdrucks keine große Störung, aber trotzdem erscheint diese neue Lösung merkwürdig. Immerhin zog die Lokomotive einen Zug im Gewicht von 100 Tonnen mit einer Geschwindigkeit von 5 km pro Stunde, so daß am 12. August 1812 mit *Prince Regent* und *Salamanca* ein regulärer Kohlentransport auf der Middleton-Strecke aufgenommen werden konnte.

Zwei weitere englische Ingenieure experimentierten mit

9 *(rechts)* Ein Gemälde Terence Cuneos von 1949, das eine Vorstellung vom Eröffnungstag der Stockton-and-Darlington-Eisenbahn am 27. September 1825 vermitteln will. Die *Locomotion* mit George Stephenson selbst auf dem Führerstand fährt bei Eaglescliffe, wo Bahnstrecke und Landstraße nebeneinander herlaufen, mit einer Pferdekutsche um die Wette

8 *(unten)* Eine von John Blenkinsops Zahnrad-lokomotiven, die 1812 auf der Middleton-Strecke bei Leeds eingesetzt wurde und als erste Lokomotive wirtschaftlich arbeitete (der Zeichner hat den Tender vergessen)

weniger gutem Erfolg. William Chapman probierte 1812 eine Lokomotive für die Kohlenzüge der Heaton-Zeche aus, die sich an einer Eisenkette entlang vorwärtsbewegte. Die Reibung war hierbei aber so groß, daß die Lokomotive nur ohne Ladung fuhr. Ein Jahr später erhielt William Brunton ein Patent auf eine Lokomotive, die sich auf zwei grashüpferähnlichen Beinen vorwärts schob. Sie fuhr zwar, aber nur in einer Richtung und nicht für lange, da sie alsbald explodierte. Es war der erste Eisenbahnunfall, und diese Lokomotive erlangte dadurch eine zweifelhafte Berühmtheit.

Der nächste Lokomotivtyp stammt von William Hedley von der Wylam-Zeche, wenige Kilometer westlich von Newcastle. Für die Wylam-Bahn, eine hölzerne Linie ehrwürdigen Alters, die gerade modernisiert worden war und Plattenschienen mit einer Spurweite von 152 cm bekommen hatte, erbaute Hedley 1813 seine berühmte *Puffing Billy*. Im Gegensatz zu Blenkinsop, der einen ungeeigneten Kessel mit einfachem Zug benutzt hatte, führte Hedley wieder Trevithicks Umkehrzüge sowie ein Dampfblasrohr ein und kehrte zum einfachen Adhäsionsantrieb zurück. Er ordnete die Dampfzylinder außerhalb des Dampfkessels an, so daß sie leichter erreichbar waren. Zuerst hatte seine Lokomotive vier Räder, aber da auf diese Art der Achsdruck für das Gleis zu stark war, stellte er, nach einer Idee von Chapman, seine Maschine auf zwei Drehgestelle mit acht Rädern, die sämt-

lich durch Zahnräder angetrieben wurden [Bild 10]. Sicherlich gaben sie beim Fahren schreckliche Knarr- und Mahlgeräusche von sich, trotzdem war die Lokomotive ein Erfolg, so daß mehrere solcher Maschinen in Dienst gestellt wurden. Um 1830 führte man auf der Wylamstrecke Profilschienen ein, und die Lokomotiven bekamen wieder vier Räder. In dieser Form waren sie bis 1862 in Betrieb [Bild 11]. Da Hedley das Pech hatte, im Schatten eines größeren Mannes zu stehen, wird sein Beitrag zur Entwicklung der Eisenbahnen oft unterschätzt.

Dieser Größere war der im Jahre 1781 geborene George Stephenson, dessen Geburtshaus heute noch neben der Wylambahnlinie steht. Um 1813 hatte er sich bereits einen bedeutenden Ruf als Ingenieur mit einer genialen Begabung für Maschinen erworben. Obwohl er mit Lokomotiven noch keine Erfahrung hatte, wurde er in diesem Jahr zum Ingenieur der Killingworth-Werksbahn ernannt mit dem Auftrag, selbst eine Lokomotive zu entwerfen und zu bauen. Sein erstes Werk, die *Blücher*, machte ihre Probefahrt im Juli 1814. In einer Hinsicht stellte sie ein Novum dar: Sie fuhr anders als alle bisherigen Lokomotiven auf Profilschienen ohne Zahnung. Aber sonst war sie, verglichen mit der Konstruktion Hedleys, völlig traditionell und eine mehr oder weniger direkte Kopie der Middleton-Lokomotiven. Jedenfalls arbeitete sie vorzüglich. Stephensons spätere Lokomotiven zeigen stufenweise Verbesserungen, wobei er sich aber nie von dem unpraktischen Dampfkessel mit nur einem Heizkessel trennen konnte. Dadurch hatten sie alle einen hohen Kohlenverbrauch bei verhältnismäßig geringer Dampfentwicklung. Allein dies war ein unbedeutender Nachteil, solange Feinkohle billig war. Stephenson besondere Leistung bestand im Ersatz der Zahnräder durch Kolben- und Kuppelstangen sowie in einer Dampffederung. Bis dahin waren die Lokomotiven ganz ungefedert gewesen, was die häufigen Schienenbrüche verursacht hatte, und ehe um 1830 eine geeignete Stahlfederung erfunden wurde, war

10 *(rechts oben)* William Hedleys *Puffing Billy*, die er 1813 für die Wylambahn baute. Hier wird sie (in ihrer sehr bald abgeänderten Form) mit vier Achsen gezeigt, außerdem mit einem besonders leichten, einachsigen Tender. Der Lokomotivführer stand vorn auf der linken Plattform, der Heizer auf der rechten

11 *(rechts unten)* Aufnahme einer Lokomotive vom *Puffing-Billy*-Typ von 1862. Die Wylambahn wurde in diesem Jahr von einer Spurweite von 152,5 auf 143,5 cm umgestellt. Bald danach zog man diesen Typ endgültig aus dem Verkehr

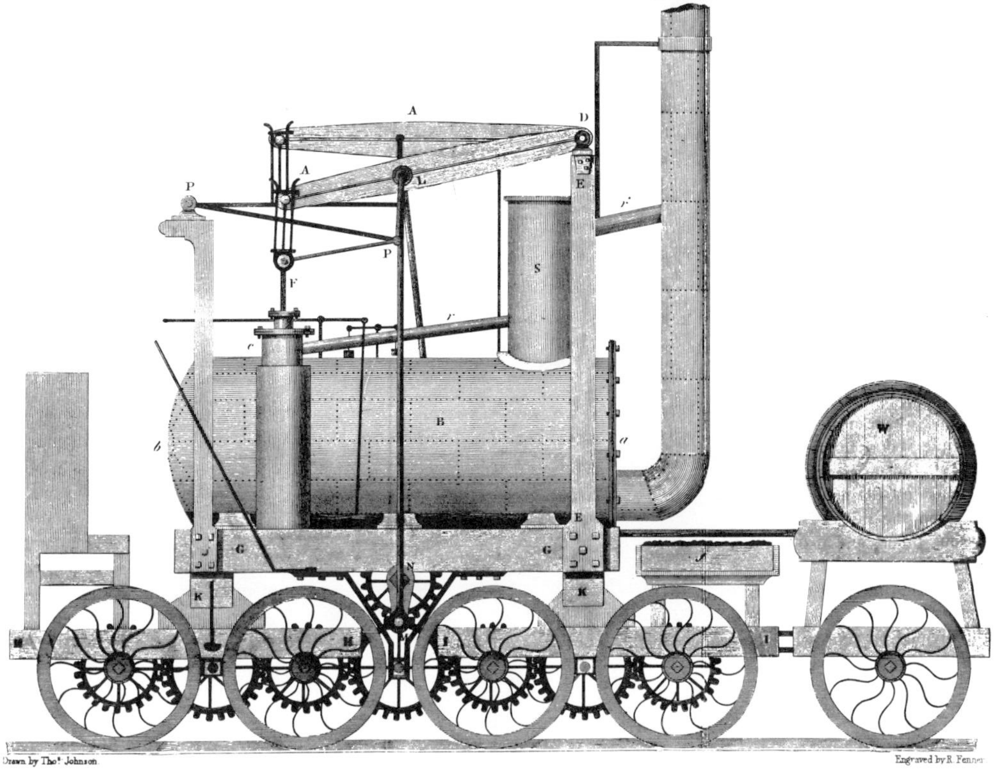

Drawn by Thos. Johnson. Engraved by R. Fenner

12 Ein Güterzug der Liverpool-Manchester-Bahn, der von einer *Planet* 1-1-0 gezogen wird, passiert kurz nach Eröffnung der Strecke die schräge Brücke bei Rainhill

Stephensons Methode, bei der das Gewicht auf einem Kolben ruhte, der durch Dampf an das Ende eines Zylinders gepreßt wurde, eine befriedigende Behelfslösung.

Inzwischen transportierten die Eisenbahnen schon hier und da Güter für die Allgemeinheit, nicht nur für ihre Besitzer, und auf einzelnen Strecken wurden sogar Personen befördert. Seit 1807 bestand zum Beispiel in Südwales bei

der Swansea-Mumbles-Eisenbahn ein regelmäßiger Passagierdienst. Solche öffentlichen Bahnen verwendeten jedoch Pferde und noch keine Lokomotiven, im wesentlichen deshalb, weil die Leute Angst davor hatten. Besonders wo die Bahn durch eine Dorfstraße führte, wiederholte sich nicht selten das gleiche Schauspiel wie bei dem Pfarrer von Redruth. Ebenso gingen die Pferde vor dem lauten Puffen,

13 Die *Northumbrian*-Lokomotive, die 1830 für die Liverpool-Manchester-Bahn gebaut wurde, war eine Weiterentwicklung des *Rocket*-Typs

14 Siegel George Stephensons

Knirschen und Donnern durch, und der Ausstoß glühender Kohlepartikel verursachte gelegentliche Brände. Außerdem betrachtete das einfache Volk die Lokomotiven noch immer als einen Unfug, welcher der Profitgier reicher Leute entsprang.

Ehe die Stockton and Darlington-Eisenbahngesellschaft 1821 mit dem Bau ihrer Gleisanlagen begann, ernannte sie George Stephenson zum leitenden Ingenieur. Er brachte seinen achtzehnjährigen Sohn Robert mit nach Südengland und begann sofort, die Pläne seines Vorgängers weitgehend zu verändern. Statt der geplanten Plattenschienen nahm er Profilschienen von 142,25 cm Spurweite wie bei der Killingworth-Bahn (1,25 cm kamen ein paar Jahre später hinzu, um die Reibung zu verringern). Es gelang ihm, die Eisenbahngesellschaft zur Mitverwendung von Lokomotiven zu überreden. Am westlichen Ende, wo die Linie durch bergiges Gelände ging, sollten bei zwei Steigungen ortsfeste Dampfmaschinen mit Seilzug eingesetzt werden, im übrigen Pferde, und für die langsam fallenden 20 Meilen von Shildon nach Stockton Quay eine Lokomotive. In diesem Abschnitt fuhr am 27. September 1825 der erste öffentliche Dampfzug der Welt, gezogen von Stephensons „Locomotion“.

Es war ein denkwürdiger Vorgang. Von Shildon aus bestand der Zug aus einundzwanzig offenen Wagen mit provisorischen Sitzplätzen, aus einem geschlossenen Wagen, *Experiment* benannt, und aus zehn beladenen Kohlenwagen. Die Gesellschaft hatte an ihre Aktionäre zwar nur dreihundert Fahrkarten ausgegeben, aber die Zahl der Passagiere hatte sich durch ungebetene Gäste fast verdoppelt. Vor der Lokomotive galoppierte ein Reiter mit roter Flagge, und die Fahrt nahm einen guten Verlauf, außer daß ein defekter Wagen abgehängt werden und ein unvorhergesehener Halt stattfinden mußte, um die Speisepumpe zu reparieren. Zwölftausend Zuschauer erwarteten den Zug bei Darlington, wo er Aufenthalt hatte. Auf der Fahrt nach Stockton führte die Strecke dicht neben der Landstraße entlang, und hier begleiteten den Zug Scharen von Reitern, Wagen und Kutschen in wildem Tumult [Bild 9]. Schließlich fuhr die *Locomotion* bei einem Kanonensalut von 21 Schuß im Angesicht einer vierzigtausendköpfigen Menge in Stockton Quay ein.

Dies war jedoch nur der erste Begeisterungstaumel. Zunächst mußte nun der Beweis erbracht werden, daß die neuen Dampfbahnen wirklich wirtschaftlicher waren als die Pferdebahnen, und dazu brauchte man Zeit. Es gab viele Schwierigkeiten zu überwinden. Die Kosten für den Ersatz gebrochener Räder und Schienen drohten manchmal das ganze Unternehmen zu Fall zu bringen. Erst als Timothy Hackworth, der erste Lokomotivenüberwachungsbeamte der Welt, gemeinsam mit Robert Stephenson die gußeisernen Scheibenräder durch stärkere Räder mit schmiedeeisernen Reifen ersetzte und das Federungsproblem löste, wurde hier Abhilfe geschaffen. Alarmierend wirkten auch gelegentliche Kesselexplosionen. Die *Locomotion* selbst sowie eine andere Maschine explodierten im Jahre 1828. Doch brachten die vermehrten Erfahrungen ständige Verbesserungen. Seit 1828 baute Hackworth Lokomotiven mit drei gekuppelten Achsen, und obwohl er bei vertikalen Dampfzylindern blieb, ging er von Stephensons Kessel mit einfachem Zug zugunsten von Trevithicks Kessel mit Umkehrzug ab und verbesserte diesen dann noch. In ihrer endgültigen Form waren

15 Die *Samson* von 1838, die für die Kanadische Eisenbahn gebaut wurde und hier in einer Aufnahme von 1883 auf dem Bahnhof von New Glasgow/Neuschottland zu sehen ist, stellt eine Weiterentwicklung von Timothy Hackworths Lokomotivtyp dar

16 *(oben)* Im Jahre 1830 reisten die Fahrgäste erster Klasse sowie die Post auf der Liverpool-and-Manchester-Bahn sehr bequem in Wagen, die nach dem Muster der Postkutschen gebaut waren und wie diese besondere Namen trugen. Sie wurden von einer Lokomotive des *Planet*-Typs gezogen

seine Maschinen dauerhaft und hatten gute Leistungen aufzuweisen [Bild 15].

Die englische Aktivität auf dem Gebiet der Dampflokomotiven wurde in Amerika mit ganz besonderer Aufmerksamkeit verfolgt. John Stevens, der sich hier propagandistisch für eine Verbesserung der Bahnen betätigte, baute eine kleine Versuchslokomotive und führte sie 1824 auf

einem Schienenkreis bei New York vor. In der Konstruktion war sie sehr originell, da sie einen vertikalen Wasserrohrkessel hatte, der unter dem erstaunlich hohen Druck von 35 Atmosphären arbeitete („Hochdruck“ hatte bei Trevithick nur 2 Atmosphären bedeutet), sowie einen einzelnen Zylinder, dessen Kraft durch Zahnräder auf eine Zahnschiene übertragen wurde. Das Ganze war jedoch nicht mehr

17 *(unten)* Die Passagiere zweiter Klasse der Liverpool-and-Manchester-Bahn mußten in offenen Waggons ohne besondere Namen fahren. Der Zug wurde von einer bereits veralteten Maschine des *Rocket*-Typs gezogen

18 Robert Stephensons *America* war noch weniger erfolgreich als sein *Stourbridge Lion*, da sie in Amerika nie zum Einsatz kam (technisch ist sie interessant als Zwischenstufe der Entwicklung von der *Locomotion* zur *Rocket*)

als ein Spielzeug. Die ersten ernstzunehmenden Lokomotiven Amerikas wurden für die Delaware and Hudson Canal Co. gebaut, die im Jahre 1829 von der Werft in Honesdale, Pennsylvanien nach den Carbondale-Gruben eine Bahnlinie anlegte. Ein Jahr vorher hatte die Gesellschaft ihren Beauftragten Horatio Allen nach England geschickt, um dort alles Wissenswerte über Lokomotiven zu erfahren und auch einige zu kaufen. Er bestellte zwei Lokomotiven, eine vom gewöhnlichen, späten Typ Stephensons bei der Firma Foster, Rastrick & Co., den *Stourbridge Lion* [Bild 23] und eine weit modernere Maschine bei Robert Stephenson & Co., die *America* [Bild 18].

Von diesen beiden trat nur die erste in Aktion. Am 9. August 1829 machte sie ihre Jungfernfahrt mit Horatio Allen als Lokomotivführer. „Da die Lokomotive keinen Zug zu ziehen hatte“, schrieb er fünfzig Jahre später, „reagierte sie sofort auf die Bewegung meiner Hand; schnell war die gerade Strecke hinter mir, die Kurve erreicht und vorbei, ehe ich noch Zeit zum Denken hatte... Bald war ich außer aller Sicht, allein auf der Dreimeilenstrecke in den Wäldern

Pennsylvaniens." Der *Stourbridge Lion* kam glücklich in sein Depot zurück, hatte aber an den schwachen Gleisen solche Schäden angerichtet, daß man in Honesdale die Idee der Verwendung von Dampflokomotiven wieder fallen ließ.

Eine wichtigere Rolle in der Geschichte der amerikanischen Eisenbahnen spielte die Baltimore-and-Ohio-Bahn. Auch in den Vereinigten Staaten war gerade die Zeit der Hochblüte des Kanalbaues, und die Stadt Baltimore, die eine solche Möglichkeit nicht hatte, da sie durch eine Hügelkette von ihrem Hinterland getrennt war, sah ihre wirtschaftliche Existenz gefährdet. Als einziger Ausweg bot sich der Bau einer Eisenbahn. Viele ihrer Befürworter sahen sie nur unter diesem begrenzten Gesichtswinkel, allein es gab auch genug Leute, die mit großem Weitblick ein nationales Eisenbahnsystem vor Augen hatten, unter ihnen den ehrwürdigen Charles Caroll von Carollton, der noch zu den Unterzeichnern der Unabhängigkeitserklärung gehörte. In seiner Rede bei der feierlichen Grundsteinlegung der Eisenbahn erklärte er, dieser Akt sei kaum weniger einschneidend als die Unterzeichnung der Unabhängigkeitserklärung.

Nachdem 1829 einige Meilen der Bahnstrecke fertiggestellt waren, führte Peter Cooper aus New York eine Dampflokomotive darauf vor, um die Direktoren zu dieser Neuerung zu überreden. Sein *Tom Thumb* oder Däumeling [Bild 25] wog kaum eine Tonne und hatte mit ihrem schmalen, vertikalen Heizkessel und einem einzigen Dampfzylinder nur eine Leistung von etwas über einer Pferdestärke. Und doch war sie geradezu eine Sensation. Im Jahre 1830 veranstaltete man auf der zweigleisigen Strecke ein Wettrennen zwischen ihr und einem Pferd, das eine gleichschwere Ladung zu ziehen hatte, und die Dampflokomotive war weit voraus bis zu dem Augenblick, als ihr mit Riemen angetriebenes Gebläse versagte.

Zu den frühen Lokomotivingenieuren gehörte auch der Franzose Marc Seguin, der die Stockton-Darlington-Linie kurz nach ihrer Eröffnung besichtigt hatte. Im Jahre 1829

19–22 Postillons und Bahnbedienstete in den Jahren 1832 und 1852. Der Zeichner stellt dem unfeinen Maschinenzeitalter die Eleganz der Postkutschenzeit gegenüber. Die Sehnsucht nach der guten alten Zeit, die auch bei Dickens ihr Echo findet, klingt hier zum erstenmal auf

lieferte er für die 57 km lange Strecke Lyon–St. Etienne, deren erster Teilabschnitt 1828 eröffnet worden war, zwei Lokomotiven. Seguins Maschine [Bild 26] war von besonderer Konstruktion. Er benutzte noch vertikale Zylinder. Diese montierte er so und ordnete auch den Antrieb so an, daß den Rädern eine gewisse Federungsmöglichkeit blieb. Genau wie Peter Cooper mißtraute Seguin offenbar dem

Dampfbläser, und der auffallendste Zug seiner Lokomotive bestand in zwei rotierenden Gebläsen auf dem Tender. Sie wurden durch einen Riemen von einem der Tenderräder angetrieben und fachten das Feuer durch zwei biegsame Lederschläuche an. Natürlich war diese Konstruktion keine Verbesserung, insbesondere nicht für eine Linie mit konstantem Gefälle, da das Feuer beim raschen Abwärtsrollen der Loko-

23 *Stourbridge Lion*, die erste Lokomotive, die auf einer Hauptstrecke der USA verkehrte. Damals war man nicht besonders von ihr angetan, doch erhielt der Maler A. Sheldon Pennoyer hundert Jahre später von der Delaware and Hudson Company den Auftrag, sie im Bilde festzuhalten

motive viel stärker angefacht wurde als beim langsamen Bergauffahren. Aus einer zeitgenössischen Darstellung von ganzen Zügen [Bild 28] geht hervor, daß Seguin die Gebläse bald wieder abschaffte und zu den Dampfbläsern zurückkehrte.

Origineller war Seguins Kessel, der eine interessante Zwischenlösung zwischen Trevithicks Umkehrzug und dem modernen Röhrenkessel darstellte, mit dem Stephenson zu dieser Zeit bei seiner *Rocket* experimentierte. Seguin legte die Feuerung in eine von einem Wassermantel umgebene Feuerbüchse unter der Kesseltrommel mit einem großen, einfachen Zug zum vorderen Ende des Kessels. Von hier aus kehrten die Feuergase durch eine große Zahl enger Rauchrohre in der Kesseltrommel zu dem Schornstein über der Feuertür zurück. Er hatte also mit Robert Stephenson erkannt, daß viele dünne Rohre mit größerer Gesamtoberfläche das Wasser wirksamer erhitzten als ein einziges dickes Rohr von gleichem Querschnitt, und daß dadurch die Feuerung kleiner gehalten, der Funkenregen des Schornsteins verringert und die Leistung vermehrt werden konnte.

Um 1829 war die technische Entwicklung so weit fortgeschritten, daß Dampflokomotiven in England und Frankreich bereits ihren Dienst versahen, während sie in Amerika erprobt wurden. Aber noch gab es keine Bahnlinie, die ausschließlich mit Dampf arbeitete; man benutzte allgemein Pferde daneben. Ausschließlich mit Dampf wurde nur die Bahn zwischen Liverpool und Manchester betrieben. Sie stellte die früheste moderne Eisenbahn der Welt dar und war das Hauptwerk George Stephensons. Er und seine Mitarbeiter hatten jedoch harte Auseinandersetzungen durchzustehen, bis diese Pioniertat gelungen war.

Schon die Erlangung der Baugenehmigung bedeutete einen zähen Kampf gegen die Widerstände im Parlament. Unter den Gegnern waren mächtige Interessengruppen. Die Kanalunternehmer fürchteten um ihr Transportmonopol, desgleichen die Fuhrhalter der Postkutschen. Eine geschlossene Abwehrfront bildeten auch die Landbesitzer. Einige davon leisteten hauptsächlich deshalb Widerstand, weil sie den planmäßig in die Welt gesetzten Gerüchten glaubten, der Rauch rufe Erstickungsanfälle hervor, töte die Vögel und schade der Milchleistung der Kühe. Andere opponierten in der nur zu berechtigten Erwartung, dadurch bei einem späteren Verkauf mehr zu verdienen; selten riskierten sie aber durch allzuheftigen Widerstand eine Verlegung der Bahnlinie. Am schlimmsten war die Gegnerschaft der Bevölkerung bei der Liverpool-Manchester-Bahn, Stephensons Vermessungsingenieure wurden durch bezahlte Gruppen von Rowdies angegriffen, von Wildhütern beschossen und derart belästigt, daß sie häufig nachts arbeiten mußten.

24 *(oben)* Die Strecke London – Birmingham zur Zeit des Bahnbaues. Felssprengung im Oktober 1837 nördlich des Linslade-Tunnels

25 *(rechts)* Vergrößerte Nachbildung von Peter Coopers *Tom Thumb*. Die Maschine machte ihre Probefahrt 1829 auf der Baltimore-Ohio-Strecke

PETER COOPER'S "TOM THUMB" 1829-30 BALTIMORE & OHIO R. R.

26 Modell der Lokomotive Marc Seguins für die Eisenbahn Lyon – St. Etienne von 1829. Beim Kessel wurden an zwei Stellen die Mantelbleche weggelassen, um einen Einblick in das Rohrsystem zu geben. Auffallend sind die beiden mit Riemen angetriebenen Gebläse

Zudem durchsuchten rechtskundige Parlamentarier mit Scharfblick die Trassenpläne nach Fehlern.

Stephensons Bahnbau war eines der größten Tiefbauunternehmen der Zeit. Völlig neue Techniken wurden zur Lösung der auftretenden Schwierigkeiten angewandt, insbesondere bei der Überquerung des Chat Moss, einer weg- und grundlosen Moorfläche. Eine wesentliche Quelle von Meinungsverschiedenheiten, die Stephenson persönlich auszufechten hatte, war das Problem der Zugkraft. Zu dieser Zeit, da Pferde zusammen mit ziemlich schwachen Lokomotiven im Eisenbahnbetrieb eingesetzt wurden, war man der Meinung, daß die Höhenunterschiede bei der Eisenbahn nicht anders überwunden werden könnten als bei einem Kanal. Daher wollte man soweit wie möglich in der Ebene oder mit ganz geringer Steigung fahren und alle größeren Höhenunterschiede auf kurze, steile Anstiege konzentrieren – genau wie bei den Kanalschleusen. Die Steilhänge überwand man durch Seilzüge, welche durch ortsfeste Dampf-

maschinen betätigt wurden, wobei man nur wenig Kraft brauchte, wenn die kinetische Energie eines herabfahrenden Zuges als Zugkraft für einen gleichzeitig hinauffahrenden dienstbar gemacht wurde. Verschiedene namhafte Ingenieure unterstützten den Gedanken, auch die ebenen Streckenabschnitte nach diesem System einzurichten. Die Verwaltung der Liverpool-Manchester-Bahn wurde damit derart bedrängt, daß sie die Entscheidung einem Wettbewerb zu überlassen beschloß.

Die berühmten *Rainhill Trials* fanden auf einem ebenen Gleisstück von $1^1/_2$ Meilen Länge statt, das im Oktober 1829 fertig geworden war. Es war ein Preis von 500 Pfund für eine Lokomotive ausgesetzt, „die eine entschiedene Verbesserung gegen die üblichen in Bezug auf Brennstoff, größere Geschwindigkeit, ausreichende Leistung und mäßiges Gewicht" darstellte. Sie sollte zwei- oder dreiachsig sein, nicht mehr als $4^1/_2$–6 Tonnen wiegen und imstande sein, eine Ladung von mindestens 20 Tonnen je nach ihrem Eigen-

27 Die St. Hildasgrube/Wallsend in den Kohlenfeldern Northumbriens um 1820, Ausgangspunkt für zahlreiche Werkbahnen, mit Maschinenhäusern für Winden und Pumpen, mit Grubengebäuden und in Reparatur befindlichen Wagen

28 Züge auf der Strecke Lyon—St. Etienne Anfang 1830, von Pferden gezogene Wagen erster und zweiter Klasse, Güterzug mit Pferdevorspann, Personenzug, der von St. Etienne herunter zur Küste nach Givors rollt, und Kohlenzug, der von einer Dampflokomotive gezogen wird

gewicht bei einer Geschwindigkeit von 15 km pro Stunde zu ziehen. Die starke Gewichtsbeschränkung (die *Locomotion* wog 8 Tonnen) schloß alle brauchbaren Maschinen aus, die es damals gab. Es ging eine Flut von Entwürfen ein, darunter sogar ein Perpetuum Mobile, aber an dem eigentlichen Wettbewerb nahmen nur drei Maschinen teil. Der Engländer Braithwaite und der Schwede Ericsson, welche in London an der Entwicklung von Dampfstraßenwagen gearbeitet hatten, beteiligten sich mit der *Novelty*, einer leichten, zweiachsigen Maschine, die nach diesem Prinzip gebaut war. Sie war schnell genug und leistete mit einer geringen Ladung ohne Schwierigkeit 45 km pro Stunde. Allerdings blieb sie mehrmals stehen und mußte aus dem Rennen ausscheiden.

Als zweite Lokomotive konkurrierte die *Sans Pareil* von Timothy Hackworth, eine verkleinerte, zweiachsige Variante seiner Standardmaschine bei der Stockton-Darlington-Eisenbahn. Sie war jedoch zu schwer, hatte einen außergewöhnlichen Brennstoffverbrauch und noch das Pech, zu versagen. Im kritischen Moment bekam der Kessel ein Leck, und als man Haferflocken hineinstreute, um es zu dichten, verstopfte sich die Speisepumpe.

Stephensons *Rocket* erfüllte als einzige Maschine alle Bedingungen. Nach seiner Rückkehr von einem dreijährigen Südamerikaaufenthalt im Jahre 1827 hatte er sich mit der Verbesserung von Lokomotiven befaßt. Seine unglückselige *America* hatt er bereits mit einer Federung versehen und war von dem vertikalen Dampfzylinder abgegangen. Die *Rocket* besaß nun als grundlegende Verbesserung einen Röhrenkessel. Die daraus resultierende starke Erhöhung des Dampfdruckes und der geringe Brennstoffverbrauch begründeten ihren Sieg in Rainhill. Bei der letzten der vorgeschriebenen Fahrten erreichte sie mit voller Ladung statt ihres bisherigen Durchschnitts von 21 km pro Stunde eine Geschwindigkeit von 43,5 km und damit beinahe die Höchstgeschwindigkeit der leichter belasteten *Novelty*. Nachdem Stephenson damit den Beweis für ihre Leistungsfähigkeit

29–31 Die Lokomotiven des Rainhill-Wettbewerbs: Braithwaites und Ericssons *Novelty* (oben), Timothy Hackworths *Sans Pareil* (Mitte) und Robert Stephensons *Rocket*

32 Eine der *Grasshoppers* der Baltimore-Ohio-Bahn in ihrer endgültigen Form aus dem Anfang der neunziger Jahre (der kleine, zweiachsige Tender fehlt in der Darstellung)

erbracht hatte, gelang es ihm auch, die stationäre Lokomotive aus dem Felde zu schlagen. Nun transportierten nämlich die Stephensons ganze Wagenladungen von Passagieren mit einer Geschwindigkeit von 30 km pro Stunde inoffiziell die Sutton-Steigung (10 ‰) hinauf, für die man eigentlich einen Seilzug vorgesehen hatte.

Eineinhalb Jahre später hielt auch die Baltimore- and Ohio-Bahn einen Lokomotivwettbewerb ab. Die Gewichtsgrenze lag noch niedriger als in Rainhill: Keine Lokomotive durfte schwerer als $3^1/_2$ Tonnen sein. Aber die anderen Bedingungen, wie die Bewährung jeder Lokomotive in einem regulären Dienst von dreißig Tagen, bei dem sie fünfzehn Tonnen mit einer Geschwindigkeit von fünfzehn Meilen pro Stunde zu ziehen hatte, waren mehr praktischer Natur, und der ausgesetzte Preis (4000 Dollar als erster, 3500 als zweiter Preis) war bedeutend höher. Unter den fünf Konkurrenten gewann der Uhrmacher Phineas Davis den ersten Preis. Seine *York*, eine Maschine mit vertikalem Dampfkessel, wurde zum Vorbild für die ersten Lokomotivtypen der Baltimore and Ohio Co. Ihre achtzehn *Grasshoppers* bewährten sich in den nächsten Jahren ausgezeichnet. Die letzte dieser Lokomotiven wurde erst 1895 aus dem Verkehr gezogen [Bild 32] und war damals mit weitem Abstand die älteste Lokomotive der Welt.

Die Strecke Liverpool–Manchester wurde am 15. September 1830 mit großen Feierlichkeiten offiziell eröffnet. Obwohl die Eröffnungsfeier durch den tödlichen Unglücksfall des Abgeordneten Huskisson und durch weitere Mißhelligkeiten beeinträchtigt war (in Manchester wurden die Züge von einer Menschenmenge empfangen, die sich gegenüber dem Herzog von Wellington, dem Ehrengast der Veranstaltung, alles andere als freundlich bezeigte), erwies sich die Eisenbahn bald als triumphaler Erfolg. Nicht nur war der Nutzen der Dampfkraft schlagend bewiesen, es zeigte sich auch, daß sie eine zukunftsträchtige Geldquelle darstellte. Da der Gesellschaft frühere Erfahrungen beim Straßen- und

Kanaltransport als Grundlage dienten, rechnete sie sich für die Güterbeförderung den größten Profit aus und hatte sich nicht getäuscht. Aber auch die Zahl der Fahrgäste zwischen beiden Städten nahm ständig zu. Nun war es plötzlich möglich, in der einen Stadt zu wohnen und auch in der anderen geschäftlich tätig zu sein. Zum erstenmal erkannte man, daß größere Geschwindigkeit und mehr Komfort die Zahl der Reisenden erhöhte. Von 1830 an, als die Eisenbahnaktien stiegen und die Bahnen als öffentliche Einrichtung sich eines wachsenden Zuspruchs erfreuten, wandte man sich überall in Europa neuen Eisenbahnprojekten zu.

33 Nachtzug auf der Wylamstrecke um 1830, gezogen von einer der Lokomotiven Hedleys mit zwei Tendern; vorn der Kohlentender, hinten der Wassertender

ZWEITES KAPITEL

Die ersten großen Bahnlinien (1830-70)

Nicholas Wood schrieb 1831: „Jetzt ist nicht allein – und zwar in überzeugender Weise durch die Praxis – die Frage entschieden, ob die Eisenbahnen zum Gütertransport geeignet sind, vielmehr konnte durch die Verwendung von Dampflokomotiven auch bewiesen werden, daß die Bahnbeförderung im Vergleich zu jeder anderen Art des Transportes die schnellste ist. Man hat sich die größte Mühe gegeben, die Geschwindigkeit der Postkutschen – der bisher schnellsten Verkehrsmittel – zu erhöhen, ohne über einen Durchschnitt von 10 Meilen (15 km) pro Stunde hinauszukommen. Die Liverpool-Eisenbahn jedoch erreicht eine Durchschnittsgeschwindigkeit von 15 Meilen (22,5 km) und bei besonderen Gelegenheiten sogar das Doppelte."

Zu einer Zeit, als die Postkutschenhalter damit rechnen mußten, alle 200 Meilen durch Beinbruch oder Herzschlag ein Pferd zu verlieren, fand Wood für seine Ausführungen aufnahmebereite Ohren. Nicht nur in England, auch in anderen Ländern begann die Idee eines nationalen Eisenbahnnetzes – wenn auch in unterschiedlicher Auffassung – sich allmählich durchzusetzen.

In England gab es keinen Generalplan, und die weitere Entwicklung blieb der Privatinitiative einzelner Unternehmer überlassen. Jeder, der es als gutes Geschäft ansah, für irgendeine Strecke eine Eisenbahngesellschaft zu gründen, und über genügend Einfluß und Geld zum Bahnbau ver-

34 *(links)* Ein zylindergeschmückter Polizist gibt einer Lokomotive der *Firefly*-Klasse von Gooch, die gerade den kurzen Tunnel der Great-Western-Linie zwischen Bath und Bristol verläßt, das Signal „frei Fahrt"

35 Zwei Kleinlokomotiven Edward Burys für die London-Birmingham-Bahn bei der Einfahrt ins Depot Camden Town

fügte, konnte dies tun. Der Staat wirkte nur am Rande als Sachverständiger mit. Er erließ sehr bald einzelne Verordnungen, die aber meist technische Dinge betrafen, wie die Anlage von Kreuzungen, und für die ersten baufreudigen Jahre bestand er auf Einhaltung von Stephensons Standardspur von 143,5 cm. Wo zwei Konkurrenzprojekte gleichzeitig auftauchten, entschied der Staat für das eine oder andere. Allerdings war das Vorhandensein einer Bahnverbindung zwischen zwei Punkten kein Hinderungsgrund für den Bau einer zweiten Linie, ja in gewisser Weise ermutigte man derartige Absichten, um zu vermeiden, daß eine Gesellschaft sich eine Monopolstellung schuf. Wie also das Parlament wenig gegen die Eisenbahnen unternahm, tat es auch wenig dafür. Zwar erhielt die Liverpool-Manchester-Bahn einen Regierungskredit – das war jedoch eine Ausnahme; im allgemeinen blieb die Finanzierung der neuen Linien dem Privatkapital überlassen. Eine Zeitlang ging alles gut. Verantwortungsbewußte Bankiers prüften jede Planung auf ihre zukünftige Rentabilität, und die Unternehmer merkten erst allmählich, wie einträglich die Eisenbahnen waren. Als

dies jedoch publik wurde, traf jeder noch so ausgefallene Plan auf das bereitwillige Interesse einer Menge von Spekulanten. Selbst die zweifelhaftesten Projekte fanden großzügige Geldgeber. Viele Unternehmer, die vom Glück begünstigt oder nicht so ehrlich wie andere waren, verdienten über Nacht ein Vermögen und sonnten sich in ihrem Reichtum. Wirklich gebaut wurde allerdings nur ein Bruchteil der vorgesehenen Linien. Während dieser Periode des „Eisenbahnfiebers“ investierten die Leute bedenkenlos ihre ganzen Ersparnisse. Witwen und Waisen drängten sich wie Schafe zum Kauf von *shares* (Eisenbahnanteilen) und wurden gründlich geschoren. Die Reaktion konnte nicht ausbleiben, so daß es später äußerst schwierig wurde, Geldmittel für wirklich erforderliche Linien aufzubringen. Kurz vor dem Eisenbahnboom schrieb ein Mitarbeiter des *Athenäums*, die Häufung von Eisenbahnlinien in Gegenden, wo sie den höchsten Profit brächten, verstoße gegen das nationale Interesse. Statt zwischen manchen Orten zwei Bahnlinien zu bauen, hätte man das Geld besser dazu benutzen sollen, Hauptlinien von London nach Schottland, Holyhead oder

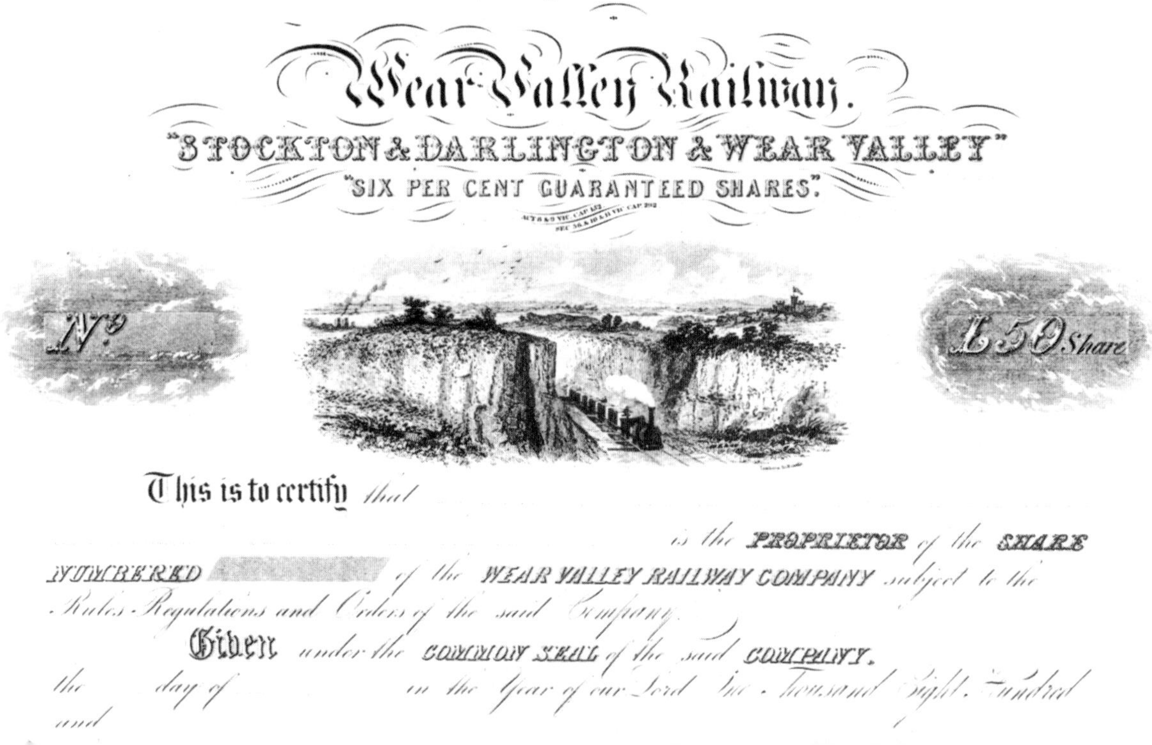
Wear Valley Railway.
"STOCKTON & DARLINGTON & WEAR VALLEY"
"SIX PER CENT GUARANTEED SHARES."
No
£50 Share
This is to certify that
is the PROPRIETOR of the SHARE
NUMBERED of the WEAR VALLEY RAILWAY COMPANY subject to the
Rules Regulations and Orders of the said Company.
Given under the COMMON SEAL of the said COMPANY.
the day of in the Year of our Lord One Thousand Eight Hundred
and

36 Eisenbahnaktie aus den Jahren um 1840 für eine westliche Nebenlinie der Stockton-Darlington-Bahn

Plymouth zu bauen. – Die Baumanie war gewiß ein Übel, aber immerhin überwand sie die hier geschilderte Kurzsichtigkeit, und die Hauptlinien wurden innerhalb der nächsten zehn Jahre auch gebaut.

In Amerika nahm die Entwicklung einen ähnlichen Verlauf. Wer sich mit der Absicht trug, eine bestimmte Linie zu bauen, konnte es ungehindert tun. Allerdings gab es einen wichtigen Unterschied: Wenn das private Kapital nicht ausreichte, gewährte die Regierung einen Zuschuß. Gelegentlich, wie zum Beispiel in Pennsylvanien, baute der Staat auch selbst. Meist jedoch erhielt eine Privatgesellschaft gleichzeitig mit der Baugenehmigung Land aus Staatsbesitz, das in dem Gebiet der geplanten Linie lag und für die Baufinanzierung verkauft werden konnte. Es stellte sich bald heraus, daß diese Landübereignung für den Staat eine sehr rentable Investierung war, da die Gesellschaft der Regierung als Gegenleistung niedrige Frachtsätze einräumen mußte, die mit den Jahren eine unerwartet hohe Frachtersparnis darstellten. Erst nach 1950 wurden diese alten Abmachungen aufgehoben.

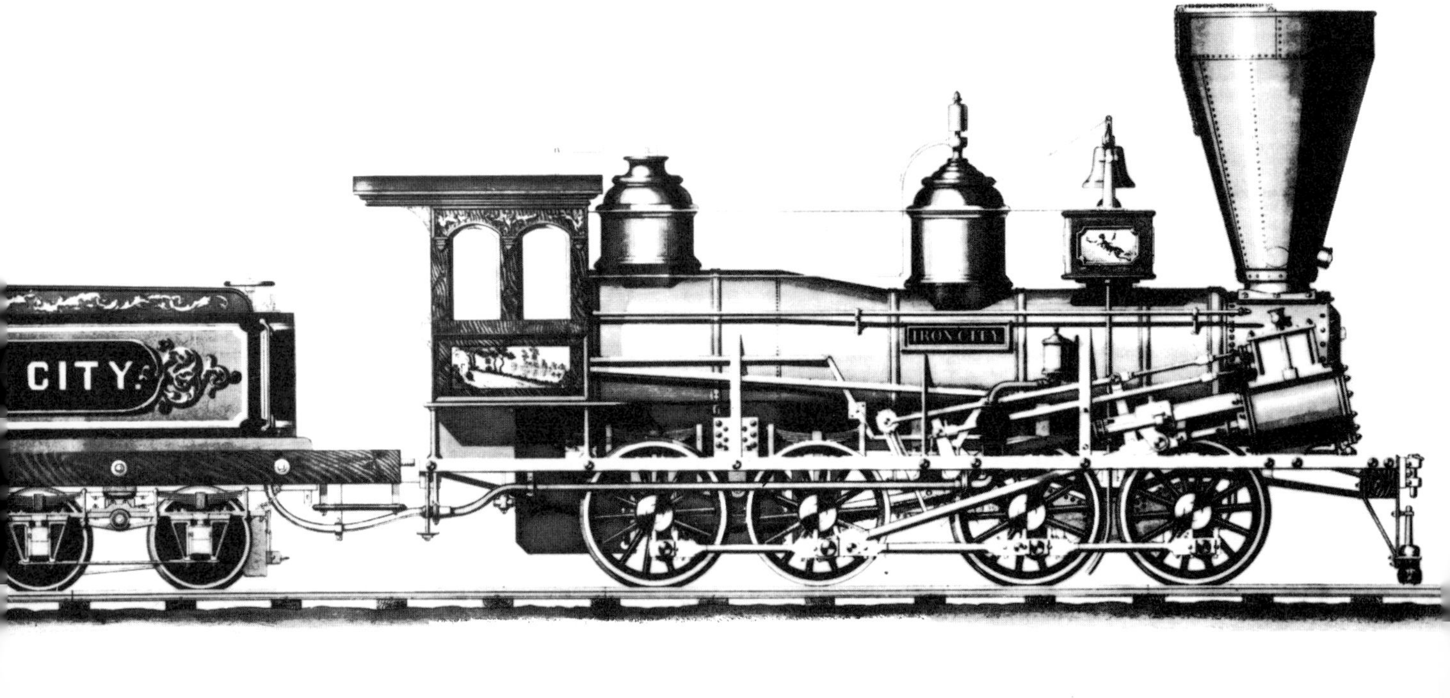

37 Diese 0-4-0, welche die Firma Baldwin in Philadelphia nach 1850 baute, gehörte zu einer Reihe von Lokomotiven für schwere Güterzüge in gebirgigem Gelände. In den fünfzehn Jahren seit der *Lafayette* [Bild 54] hatte der amerikanische Lokomotivbau große Fortschritte gemacht

Durch diese Landübereignung wurde der Bau von Eisenbahnen stark gefördert. Da Amerika ungeheure Gebiete jungfräulichen Landes besaß, die damit der Besiedlung erschlossen wurden, ging seine Expansion in unmittelbarem Gefolge der großen Bahnlinien vor sich. Das amerikanische Eisenbahnsystem entwickelte sich auffallend schnell und brachte wichtige technische Verbesserungen mit sich. Aus der Weltstatistik geht hervor, daß sich um 1835 von 2400 Kilometern vorhandener Bahnstrecken 1200 Kilometer in Amerika befanden.

In den meisten Ländern Europas verlief die Entwicklung ganz anders. Die Initiative lag hier meist beim Staat. Als erstes Land begründete Belgien sein Bahnsystem. Die Hauptstrecken wurden bald nach Erlangen der staatlichen Selbständigkeit sorgfältig geplant und von 1836–44 durch die Regierung gebaut. Als Bauherr der Eisenbahn führte der Staat sie in eigener Regie weiter; allerdings veranlaßte er Privatgesellschaften zum Bau von Nebenstrecken.

In Frankreich setzte die Entwicklung erst später ein, weil man sich nicht darüber einigen konnte, ob dem englischen oder dem belgischen System der Vorzug zu geben sei. Schließlich schrieb das Gesetz vom 11. Juni 1842 den Bau von sieben Hauptstrecken radial von Paris aus vor, mit zwei Querverbindungen im Süden und Osten. Sie wurden durch die Regierung – teilweise auch für sie – gebaut, und nach Fertigstellung wurde ihr Betrieb zu den für den Staat günstigsten Bedingungen an Privatgesellschaften vergeben. So trug letzten Endes die Regierung die Verantwortung für eine vorausschauende Linienplanung und eine entsprechende Straßenführung, so daß ein wirtschaftlich brauchbares Eisenbahnnetz ohne kostspielige Überschneidungen oder Doppelanlagen entstand. Andererseits hatte das System der Betriebsvergabe anfangs übertriebene Sparmaßnahmen seitens der privaten Gesellschaften zur Folge, die ihr Monopol weidlich ausbeuteten. Diese Nachteile wurden erst nach 1871 in der wiedererstandenen Republik ganz beseitigt.

38 Medaille zur Erinnerung an die Verabschiedung des französischen Eisenbahngesetzes vom 11. Juni 1842. Die Republik sendet nach zwei Seiten hin geflügelte Boten aus und außerdem vier Züge nach allen vier Himmelsrichtungen

39 Die wiederhergestellte *Adler*, gebaut von Robert Stephenson & Sons, die Originallokomotive der ersten deutschen Eisenbahn von Nürnberg nach Fürth, die 1835 eröffnet wurde. Die Aufnahme stammt von einer Erinnerungsfahrt aus jüngster Zeit

Deutschland bestand zu dieser Zeit aus zahlreichen Kleinstaaten, in denen die Regierungen ihre Eisenbahnen selbst betrieben. Eine Ausnahme bildete zunächst Preußen. Aber selbst dort, wo Privatgesellschaften daran beteiligt waren, bestimmte ausschließlich der Staat die Anlage des Eisenbahnsystems und verhinderte die Konkurrenz zwischen einzelnen Gesellschaften. Joseph von Baader, Friedrich Harkort und Friedrich List waren die Verfechter des Eisenbahnwesens in Deutschland. List kam 1831 aus Amerika zurück und gab eine Schrift „Über das sächsische Eisenbahn-System als Grundlage des allgemeinen deutschen Eisenbahn-Systems“

heraus. Er hatte darin ein Eisenbahnnetz entworfen und gesetzliche Grundlagen ausgearbeitet. Rußland entschied sich dafür, die Eisenbahnen durch Privatgesellschaften bauen und betreiben zu lassen, aber obwohl der Zar bereit war, Land sowie Bauholz und Steine zu stellen, und mehrere auf das Gemeinwohl bedachte Adelige ihre Leibeigenen als kostenlose Arbeitskräfte anboten (mit der einen Bedingung, daß sie satt zu essen bekämen), fanden die aufgelegten Eisenbahnaktien wenig Käufer. So sah sich denn die Regierung im Jahre 1842 schließlich gezwungen, die Linie Petersburg–Moskau in eigener Regie zu bauen, um ein gutes Beispiel zu geben. Italien besaß um 1850 nur vereinzelte kurze Linien und Spanien eine einzige. In beiden Ländern waren die politischen Verhältnisse schuld an dieser langsamen Entwicklung.

So vermieden alle europäischen Länder auf ihre Weise das Auf und Ab des britischen Eisenbahnfiebers, und in den vierziger Jahren hielten viele Engländer das kontinentale System für besser und wirtschaftlicher. Später, als der Bau der Hauptlinien in den Hintergrund trat und die demoralisierenden Folgen staatlicher Beihilfen bei privaten Unternehmungen deutlich sichtbar wurden, änderte sich die öffentliche Meinung, und man hielt einen möglichst unbehinderten, freien Wettbewerb für den besten Weg zu einem gutfunktionierenden Eisenbahnsystem.

Von ungleich größerer Bedeutung als bei Straßen war beim Schienenweg das Gefälle; es machte sich bezahlt, wenn man die Strecken durch große Einschnitte, Bahndämme, Tunnels und Viadukte eben führte. Das beste Beispiel für eine der frühen Hauptstrecken bietet wohl Robert Stephensons 168 km lange Streckenführung der London-Birmingham-Bahn, die zwischen 1834 und 1838 gebaut wurde. Außer einer kurzen Steigung von Camden Town zur Station Euston, die ursprünglich durch Seilzug überwunden wurde, war das Gefälle auf dieser Linie nirgends mehr als $3\frac{1}{2}$‰. Es gab auch nur drei Kurven auf der Originalstrecke, die

40 Tring-Einschnitt der Strecke London–Birmingham während des Baues im Juni 1837. Er ist etwas über 3 km lang und größtenteils 20 m tief eingeschnitten

eine Herabsetzung der Geschwindigkeit auf 110 oder 120 km pro Stunde nötig machten, und so ist es noch heute. Das Prinzip der ebenen Streckenführung erforderte Erdbewegungen wie beim Tring-Einschnitt [Bild 40], die für diese Tage ungeheuerlich waren und auch jetzt noch imponierend sind, wenn man bedenkt, daß dies alles nur mit Pickel, Schaufel und Schubkarren bewerkstelligt wurde. Stephenson baute bewußt für die Zukunft. Seine Brücken, Bahnstationen und Tunnels waren so stabil, als ob sie die Pyramiden überdauern sollten. Die eine Hälfte der Strecke wurde nach 1880 von zwei auf vier Gleise erweitert, aber wo die Lon-

doner North Western Railroad Co von Stephensons Originalentwurf abwich, baute sie weniger stabil. Kurzsichtige Zeitgenossen klagten über diesen Perfektionismus, allein die Strecke verdankt noch heute ihre Dauerhaftigkeit dem Weitblick ihres Erbauers, ebenso wie z. B. die Strecke Paris–Le Havre, die von seinem Schüler Locke erbaut wurde.

Ganz anders war die amerikanische Einstellung zum Bahnbau. Hier bestand als Folge des Landkonzessionssystems die Forderung, so rasch wie möglich zu bauen und in Betrieb zu gehen, denn Land konnte erst dann verkauft werden, wenn es erreichbar war. Auf Landerwerb aber wartete eine

41 Aquarell von Leander Russ, das eine gute Vorstellung von einer frühen Eisenbahn gibt. Dargestellt ist ein Zug der Wiener Südbahn zwischen Perchtoldsdorf und Mödling aus dem Jahre 1847. (Man beachte die Drehgestelle an den Personenwagen und das Ballsignal in der Ferne, beides nach amerikanischem Muster)

42 Die *South Carolina* Horatio Allens von 1831, ein früher, erfolgloser Versuch, zwei Lokomotiven mit den Brennstoffkosten einer einzigen zu betreiben. Der symmetrische Entwurf sah nur einen Zylinder an jeder Seite vor, und dies war der schwächste Punkt der Konstruktion

sich rasch ausbreitende Nation mit einer stürmischen Wirtschaftsentwicklung. Natürlich wußten die amerikanischen Ingenieure so gut wie alle anderen, daß schnell und billig gebaute Eisenbahnen langsamer und teurer im Betrieb sind. Sie waren aber der Ansicht, daß man alle nötigen Verbesserungen noch nach dem Bau machen könne, wenn die Bahn erst die nötigen Einnahmen dafür erbracht hätte.

Eine dieser frühen Bahnen in unerschlossenes Land war die South-Carolina-Bahn, die zweite in der Welt, die rein mit Dampf betrieben wurde. Ihr erster, kurzer Streckenabschnitt wurde Weihnachten 1830 eröffnet, zwei Monate nach der Liverpool-Manchester-Bahn. Als Spurweite hatte man fünf Fuß (152,5 cm) gewählt, hauptsächlich wohl, weil das eine runde Zahl war. Kein Mensch dachte daran, daß je ein Anschluß an die Standardspur der nördlichen Linien in Betracht käme. Als die 200 km lange Strecke von Charleston nach Hamburg im Jahre 1833 fertig war, stellte sie in weitem Abstand die längste der Welt dar. Ihr Erbauer war Horatio Allen; er hatte die Gesellschaft mit der Prophezeiung zur Dampfkraft bekehrt: „Es ist kein Grund vorhanden, für die Zukunft eine Höherentwicklung der Zugpferde zu erwarten, aber der Mensch muß erst geboren werden, der voraussehen kann, welche Entwicklung die Lokomotiven noch vor sich haben.“

Allerdings waren die ersten Lokomotiven der South-Carolina-Bahn nicht besonders leistungsfähig. Die *Best Friend of Charleston*, deren Name besonders volkstümlich geworden ist, wurde von der West-Point-Gießerei in New York gebaut und stammt offenbar von einem Ingenieur, der die Entwurfszeichnungen von Braithwaites und Ericssons *Novelty* genau kannte. Sie wog nur vier Tonnen und lief ein halbes Jahr zufriedenstellend. Am 17. Juni 1831 schloß jedoch der schwarze Heizer das Sicherheitsventil. Berichten nach war er von dem Zischen des ausströmenden Dampfes irritiert, aber in Wirklichkeit war die Maschine vermutlich kurz vor einer Steigung und benötigte etwas mehr Dampfdruck, um hinaufzukommen. Leider ging der Dampfdruck in falsche Richtung. Die Einzelteile der Lokomotive wurden aufgesammelt und später wieder zusammengesetzt; dem Heizer hatte es das Leben gekostet. Im nächsten Jahr stellte Allen eine kräftigere Maschine in Dienst, die *South Carolina* [Bild 46]. Sie stand auf zwei Drehgestellen, hatte einen langen, symmetrischen Dampfkessel, eine zentrale Feuerbüchse sowie zwei Schornsteine und war somit der Prototyp der *Fairlie*-Lokomotive. Doch da sie nur je einen Zylinder an jedem Ende besaß, war sie nicht sehr leistungsfähig.

Angesichts der schwierigen Strecken mit starker Steigung und scharfen Kurven mußten die Amerikaner rasch Mittel und Wege finden, die Leistungen ihrer Lokomotiven zu erhöhen. Sie versuchten sich zunächst in der Konstruktion stärkerer Maschinen und hatten beachtliche Erfolge. Um 1839 produzierte die Firma Eastwick and Harrison in Philadelphia die Maschine *Gowan and Marx*, eine 2-2-0 im Gewicht von elf Tonnen, die bei ihren Versuchsfahrten einen 423-Tonnen-Zug auf ebener Strecke fortbewegte. Die Direktoren der Birmingham-Gloucester-Eisenbahn in England, die von der hohen Zugleistung der amerikanischen

43 Entwurfszeichnung eines zweistöckigen „kaiserlichen“ Zweiterklassewagens der Bourbonnais-Eisenbahn in Frankreich von 1857. Wagen dieses Typs in vergrößerter Ausführung hielten sich bis Anfang 1960 in Spanien

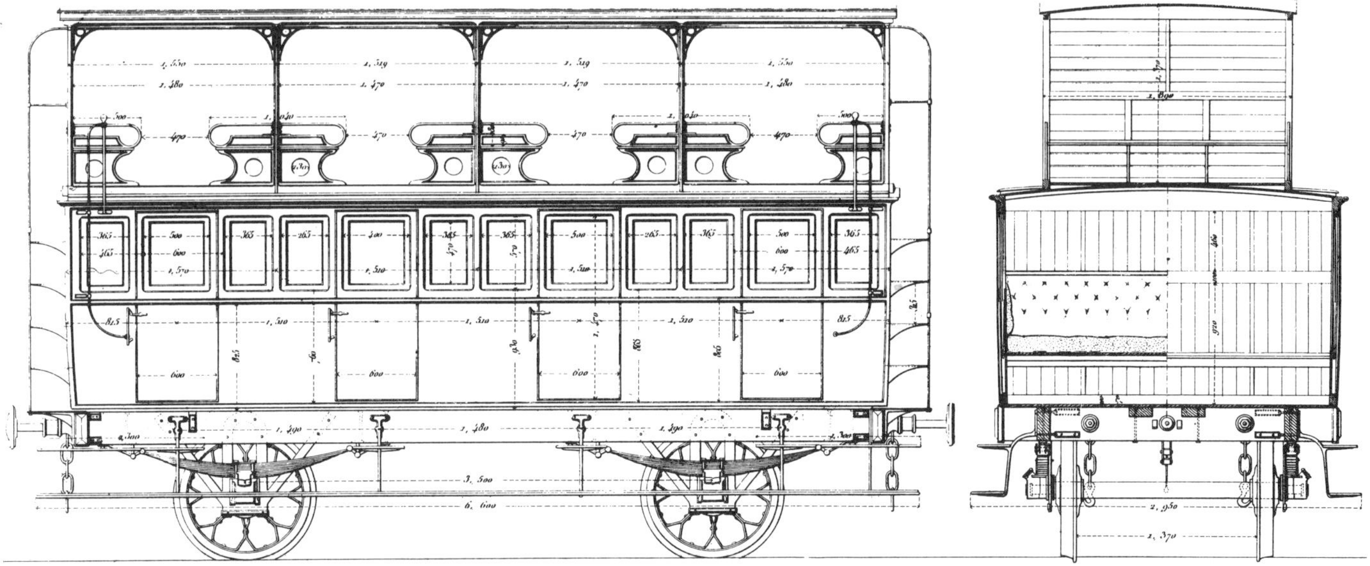

44 Eine Art von Spielzeugeisenbahn stellte die frühe Schmalspurbahn der Zuckerfabrik in Hornu bei Mons in Belgien dar. Sie besaß eine 1-1-1 Lokomotive und wurde um 1850 benutzt

45 *(rechts)* Zug der Südbahn der österreichisch-ungarischen Eisenbahn von Triest nach Wien um 1850, der gerade über die Brücke der alten Straße nach Triest bei Oberlaibach fährt

Maschinen gehört hatten, entschlossen sich 1840, für ihre neue Strecke, die eine 3 km lange Steigung von 30 ‰ bei Lickey enthielt, Lokomotiven von der Firma Norris in Philadelphia zu importieren.

Die hohe Leistung war eines der besonderen Merkmale früher amerikanischer Lokomotivkonstruktionen. Noch wichtiger als die Zugkraft war jedoch die Standfestigkeit auf

den Gleisen, und in dieser Hinsicht waren die üblichen Zweiachser unzulänglich. Das berühmteste Beispiel dieser Art war die *John Bull*, welche Robert Stephenson 1831 für die Camden-Amboy-Eisenbahn erbaut hatte [Bild 53].

In ihrer ursprünglichen Form war diese Maschine eine 0-2-0 vom höchstentwickelten Typ mit äußerem Kupplungsgestänge und Innenzylindern. Ähnliche Lokomotiven leisteten in England gute Dienste, aber in ihrer neuen Heimat entgleiste die *John Bull* fortgesetzt. Die grobverlegten Schienen hatten zu viele Unebenheiten, und die Federung der Maschine reichte nicht aus, diese auszugleichen. Nach ein

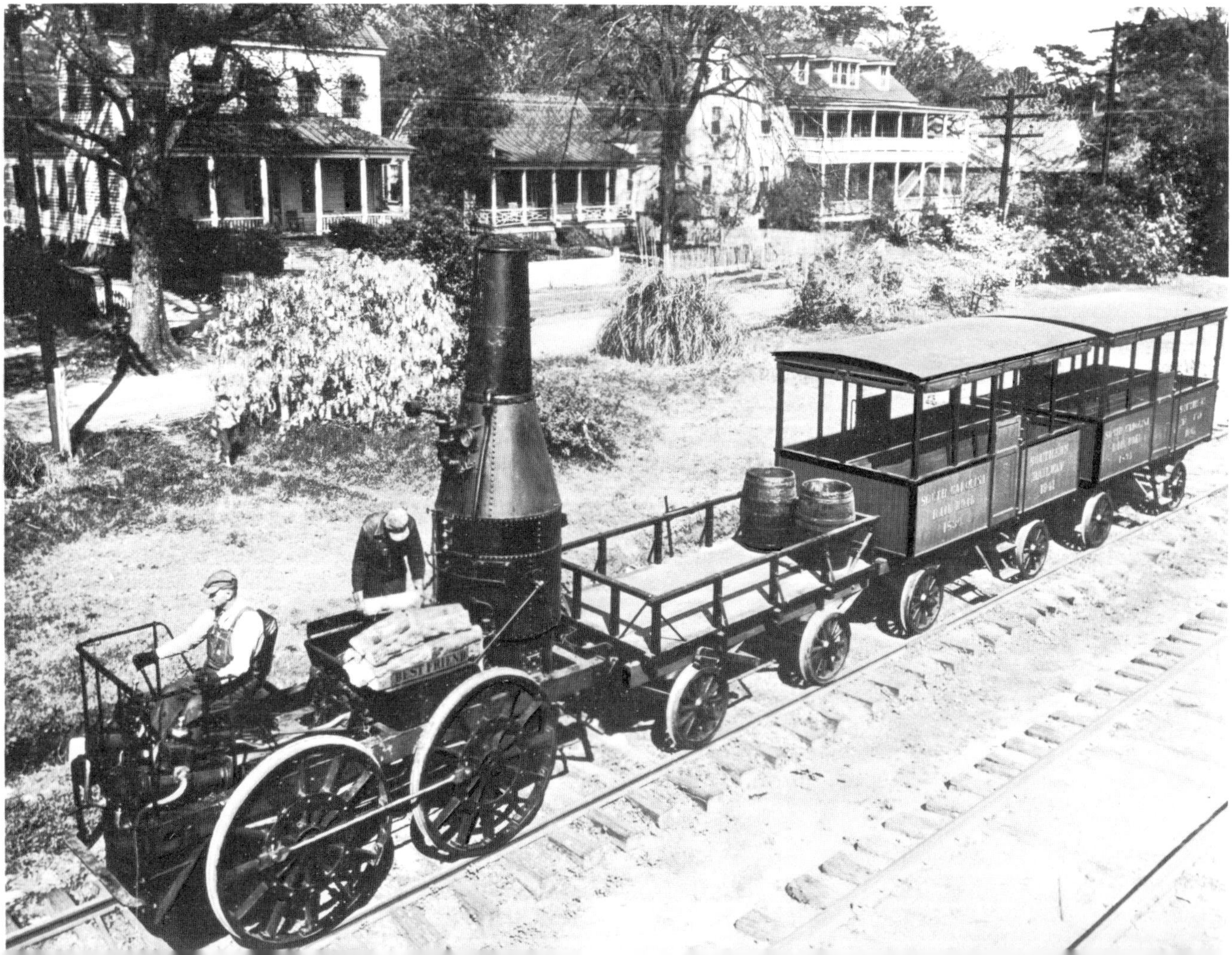

46 Moderne Replik der *Best Friend of Charleston*, die von der West-Point-Eisengießerei in New York um 1830 für die South-Carolina-Bahn gebaut wurde. Sie fuhr auf der ersten, völlig auf Dampfbetrieb umgestellten Strecke der Neuen Welt

paar Jahren kam man auf die Idee, vor der Lokomotive einen Rahmen mit zwei kleinen Rädern anzubringen. Diese wirkten sozusagen als Piloten und steuerten die Treibräder über alle holprigen Schienenverbindungen und ähnliche Gefahrenquellen. Diese Laufachse war ein voller Erfolg, wenn sie auch bedingte, daß man von dem Kupplungsgestänge abgehen und die Maschine mit Antrieb von nur einer Achse fahren mußte. Bald wurde sie zu einem zweiachsigen Fahrgestell umgestaltet und unter das Vorderende des Dampfkessels gesetzt. Der sich daraus ergebende 2-1-0-Typ [Bild 54] war die erste charakteristische amerikanische Lokomotive. Es folgte in raschem Abstand eine erweiterte Version mit zwei Treibachsen, die 2-2-0, die sich Henry R. Campbell aus Philadelphia 1836 patentieren ließ. Sie wurde für beinahe fünfzig Jahre die amerikanische Allzwecklokomotive.

Wie schon auf Seite 16 erwähnt, hatten Chapman und Hedley das Drehgestell bereits in der Zeit vor Stephenson unter ihren Lokomotiven benutzt. Trotzdem galt es sehr bald als amerikanische Erfindung, da es in England keine Nachahmung gefunden hatte, bei den Amerikanern aber zur Regel wurde. Sie merkten rasch, daß ein beweglicher, zweiachsiger Unterbau allen Schienenfahrzeugen einen besseren Halt bot, denn wenn eines der Räder in ein Schlagloch geriet, bekamen die Lager nur die Hälfte des Stoßes ab. Um Gewicht und Kosten für Drehgestelle zu sparen, ging man zu Wagen von der doppelten Länge der in Europa üblichen Eisenbahnwagen über, für die auch zwei Drehgestelle genügten. So wurde der amerikanische Standardgüterwagen bald vierachsig, und während der Personenwagen in Europa – in England sogar bis in die jüngste Zeit – nichts anderes war als eine Reihe von Postkutschen, die auf eine gemeinsame Tragfläche gestellt waren, nutzten die Amerikaner den Vorteil der neuen Extralänge und gaben dem Innern ihrer Wagen eine ganz andere Anordnung. Hier stieg man über die hintere Plattform ein und kam in einen Mittelgang, zu dessen beiden Seiten sich die Sitzplätze befanden. Solche Wa-

47 Runder Lokomotivschuppen bei Nevers im Jahre 1865, der die Lokomotiven der Mittelmeerlinie Paris–Lyon beherbergte. Unter seinem Kuppeldach stehen verschiedene Maschinen vom Typ 0-3-0 und 1-2-0

48, 49 Zwei Lithographien mit dramatischen Szenen aus dem frühen Eisenbahnwesen, die Ende 1850 bei Currier and Ives im Druck erschienen. *Oben:* „Funkensprühende Expreßzüge beim Verlassen der Station.“ Es handelt sich um Varianten des amerikanischen Typs 2-2-0 mit Außen- und Innenzylindern

gen waren billiger im Bau, bequemer im Betrieb und für die Fahrgäste in vieler Hinsicht angenehmer. Der amerikanische Personenwagentyp galt bald als charakteristischer Ausdruck des Nationalcharakters, ja er half ihn möglicherweise auszubilden. Während man in anderen Ländern still für sich in abgetrennten Boxen saß, reisten die Amerikaner als große Gemeinschaft und hatten lediglich die Wahl, gesprächig zu sein oder sich fehl am Platze zu fühlen.

Fortschritte im Lokomotivbau erzielten nicht nur die Amerikaner. Europäische Ingenieure waren im Gleisbau zu besseren Lösungen gelangt und intensiv bemüht, die Lokomotiven in ihrer Wirtschaftlichkeit, Geschwindigkeit und Sicherheit zu vervollkommnen. So wurden die englischen Lokomotiven zunehmend größer und leistungsfähiger. Obwohl zum Beispiel die *Rocket* als Preisträger aus dem Wettbewerb in Rainhill hervorgegangen war, fand man sie schon

49 Im Bild „Eingeschneit“ sind Bahnarbeiter dabei, einen Zug in den winterlichen Wäldern der Neuenglandstaaten freizuschaufeln

nach ein paar Monaten zu schwach für den Güterverkehr zwischen Liverpool und Manchester und verkaufte sie an eine kleine Grubenbahn bei Carlisle. Robert Stephenson blieb der führende Kopf im Lokomotivbau, zunächst durch den Zweiachser *Planet* mit Innenzylinder (dessen Musterbeispiel die *John Bull* war), dann durch dreiachsige Lokomotiven mit Außenrahmen und vier Lagern pro Achse (dies war eine nützliche Vorsichtsmaßnahme bei der noch recht unzuverlässigen Schmiedetechnik, weil damit ein damals nicht seltener Achsenbruch nicht unbedingt eine Entgleisung nach sich zog). Anschließend schuf er den „Langrohrkessel“, der durch die bessere Wärmeübertragung Heizmaterial ersparte. Eine noch wichtigere Verbesserung war seine Schiebersteuerung von 1842, welche die komplizierte Handschal-

50 Gemälde von E. L. Henry von der Eröffnungsfeier der Mohawk-Hudson-Eisenbahn am 9. August 1831. Die *De-Witt-Clinton*-Maschine zieht Personenwagen in Postkutschenform, die man nur sehr kurze Zeit in Amerika verwendete

tung mit Griffen und Hebeln ablöste. Zum erstenmal konnte die Länge des Kolbenweges, auf dem der Dampf in den Zylinder eintrat, verändert werden. Ein langer Einlaß ermöglichte ein weiches, kräftiges Anfahren und ein kurzer Einlaß machte schnelles Fahren wirtschaftlicher, da der Dampf sich stärker ausdehnen konnte und dadurch mehr leistete. Ein bedeutender Lokomotivkonstrukteur war auch Thomas Russell Crampton, der als einer der ersten die Dampfzylinder und die Steuerung auf der Außenseite der Räder anbrachte, wo sie bei Reparaturen leicht erreichbar waren. Zu dieser Zeit fürchtete man höhere Geschwindigkeiten wegen der Kippgefahr in Kurven und legte deshalb auch den Schwerpunkt so niedrig wie möglich. Bei den üblichen Lokomotiven bedingte dies schlanke Dampfkessel oder

51 Ein Zug der Strecke Straßburg – Paris verläßt die Station Lützelburg, Stich aus der Zeit um 1850. Die Maschine ist eine 1-1-1, eine Variante des *Buddicom*-Typs, und wirkt recht ansehnlich, weniger jedoch die Personenwagen, besonders im Vergleich zu dem großen Gepäckwagen

kleine Treibräder, die beide für hohe Geschwindigkeiten unbrauchbar waren. Crampton fand Ende 1840 einen Weg aus diesem Dilemma, indem er das Treibrad an das hintere Ende der Lokomotive verlegte, mit der Achse hinter der Feuerbüchse. Cramptons Maschinen wurden in England wenig verwandt, waren aber im Ausland beliebt. Sie liefen schnell und gleichmäßig, und solange sie nicht zu schwer zu ziehen hatten, fuhren sie schneller als die meisten anderen

Typen. Besonders beliebt waren sie in Frankreich, und die SNCF besitzt noch heute ein Exemplar, das bei besonderen Gelegenheiten vorgeführt wird [Bild 56].

Die Entwicklung der Gleisanlagen ist einer besonderen Schilderung wert. Als George Stephenson die Liverpool-Manchester-Bahn baute, befaßte er sich besonders eingehend mit den Gleisen. Sie bestanden aus schmiedeeisernen Schienen mit Fischbauchprofil von über fünf Metern Länge, die

52 Ein Zug der Strecke Le Havre – Paris beim Passieren des Barentin-Viadukts zwischen Rouen und Le Havre, Stich aus der Zeit um 1850. Die Lokomotive ist eine 1-1-1 von William Buddicom. Er brachte diesen Typ von England mit

53 Die *John Bull* der Firma Robert Stephenson & Co für die Camden-Amboy-Eisenbahn von 1831. Vorn ist der „Pilot“ zu sehen, den sie bald nach ihrer Ankunft in USA erhielt

auf Steinfundamenten in gußeisernen Sätteln lagen. Da eine solche Gleisverlegung auf dem Streckenabschnitt über das Chat-Moor unmöglich war, legte Stephenson dort widerstrebend die Schienen auf hölzerne Schwellen. Das gänzlich unerwartete Ergebnis war, daß die Reisenden sich lobend über das viel weichere Fahren auf diesem Stück äußerten. Trotzdem blieb man noch jahrelang bei den Steinblöcken, bis sich die hölzernen Schwellen endgültig durchsetzten. In England allerdings wurden die T- oder I-Schienen, die wie in den Tagen der Steinfundamente in Sätteln lagen, bis Anfang 1950 beibehalten. Manches sprach auch dafür. In der Frühzeit der Eisenbahnen war dieser Schienentyp bei gleichem Gewicht und Preis ohne Frage stabiler, weil er keinen breiten Fuß brauchte. Aber als der Stahlpreis bis zum Preis von Gußeisen heruntierging, änderte sich das Verhältnis, da die Breitfußschiene keine Sättel brauchte.

In Amerika lagen die Verhältnisse anders. Hier war das Holz billig und in Fülle vorhanden, das Eisen dagegen teuer.

Bei ein oder zwei frühen Bahnlinien benutzte man Steine, gewöhnlich in Form starker Granitblöcke von 30 mal 30 cm Querschnitt und beliebiger Länge, die aneinandergelegt und oben mit Flacheisenschienen versehen wurden. Meistens jedoch verwendete man Holz, zuerst in ähnlicher Weise. Das hatte aber bald unangenehme Folgen. Durch die Rollbewegung der Räder wurden die Flacheisenschienen verbogen, so daß sie nach einer Weile federten. Dann hielten die Schienennägel nicht, und das Schienenende mit seiner scharfen Kante hob sich so hoch, daß leicht ein Rad daruntergeriet und es losriß, so daß es sich durch den Wagenboden bohrte. Man nannte das „Schlangenkopf", und wer das Pech hatte, an dieser Stelle zu sitzen, war in Gefahr, gegen das Wagendach gespießt zu werden.

Auf der Suche nach Abhilfe gegen solche Unfälle begannen die Gleise um 1840 in Amerika die Form anzunehmen, die inzwischen zur Norm für weite Teile der Welt geworden ist. Hölzerne Querschwellen trugen die breitfüßigen Schie-

54 Die *Lafayette*, eine 2-1-0, von der Firma Norris/Philadelphia im Jahre 1837 für die Baltimore-Ohio-Bahn gebaut, war der erste rein amerikanische Lokomotivtyp und für diese Zeit eine brauchbare und widerstandsfähige Maschine

55 *(oben)* Frühe Lokomotiven um 1850 bis 60 konnten schmuck aussehen, wie diese Aufnahme einer *Dakota* vom Typ 2-2-0 zeigt, welche die Firma Hinkley and Williams/Boston für die Chicago and North-Western-Bahn baute

56 *(rechts)* Die noch erhaltene Crampton-Lokomotive *Le Continent*, 1852 von J. B. Cail gebaut, auf einer ihrer jüngsten Vorführungsfahrten. Diese Maschinen waren zwar schnell, aber für schwere Züge nicht stark genug

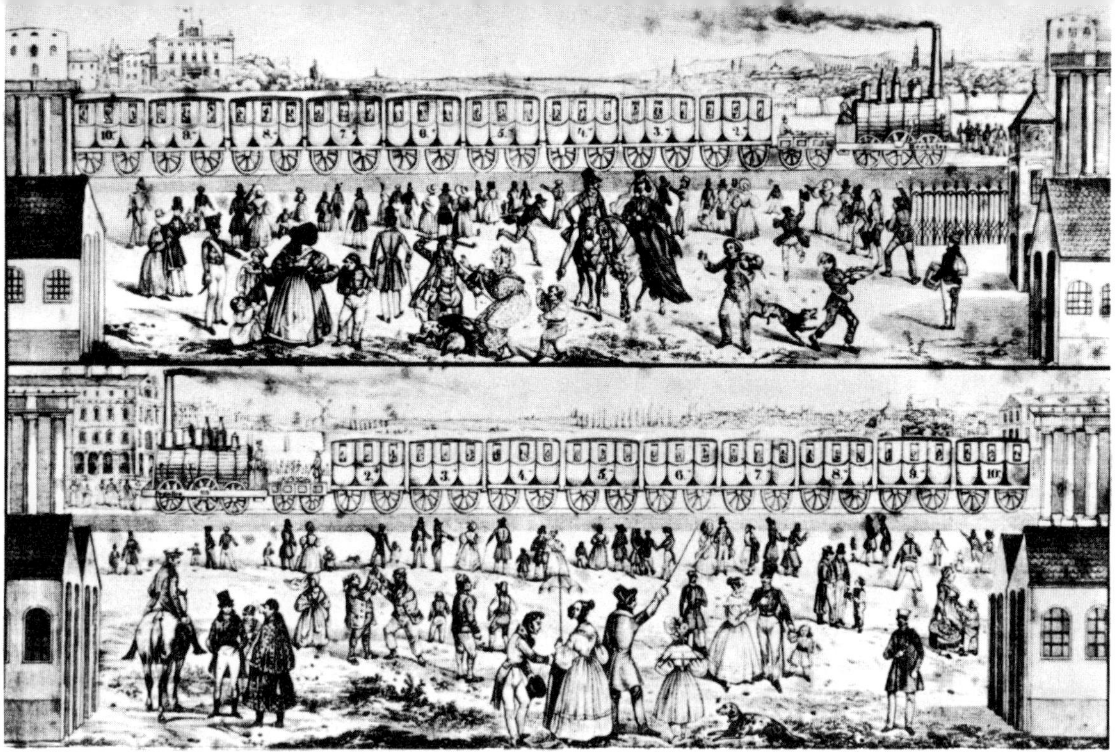

nen, die direkt auf das Holz genagelt waren. Der geringen Tragfähigkeit der leichten Schienen begegnete man in der amerikanischen Praxis dadurch, daß man die Schwellen dichter legte, während anderswo in der Regel schwerere Schienen verwendet wurden. Noch heute liegen die amerikanischen Eisenbahnschwellen dichter zusammen und sind noch immer von quadratischem Querschnitt im Gegensatz zu den rechteckigen, die überall sonst in Gebrauch sind.

Wie schon erwähnt, wählte die South-Carolina-Bahn 1830 gleichsam zufällig eine Spurweite von 152,5 cm. Die Frage der Spurweite war ein äußerst verwickeltes Problem. Stephensons Standardmaß von 143,5 cm wurde in England hauptsächlich auf Grund einer Parlamentsverordnung eingehalten, die bis 1836 in Geltung blieb. Außerhalb Englands setzte sie sich durch den Export britischer Lokomotiven durch und auch durch die Tendenz der Eisenbahningenieure, alles Englische möglichst getreu zu kopieren, um sicher zu

57 Zeitgenössischer Stich von der Eröffnungsfeier der Eisenbahn Berlin – Potsdam am 22. September 1838

59 *(rechts)* Im Bahnknotenpunkt Hannover/ Pennsylvanien wartet ein Zug aus Gettysburg auf den Anschlußzug. (Man beachte, wie dicht nebeneinander die Schwellen verlegt sind, um die Schwäche der leichten Schienen auszugleichen.) Aufnahme aus dem Jahre 1864

58 *(unten)* Ein Zug, der von zwei Lokomotiven durch den Blisworth-Einschnitt auf der London-Birmingham-Strecke gezogen wird; nach einem Stich von 1839

gehen. Nach einer gewissen Zeit kam man zu der Überzeugung, die „Kohlenkarrenspur" sei zu eng, und ging da und dort zu größeren Spurweiten über, die zwischen 142 und 198 cm lagen und sich um jeweils 5 cm voneinander unterschieden. In Irland kam eine „Nationalspur" von 160 cm zustande, die es bisher nirgends gegeben hatte. Diese Spur wurde dann durch irische Ingenieure nach Brasilien und Australien exportiert. Im südlichen Drittel der USA wurde nach dem Bürgerkrieg das Fünffußstandardmaß (152,5 cm) Südkarolinas eingeführt. In den Nordstaaten benutzte die Erie-Eisenbahn zwischen 1841 und 1880 für ihre Hunderte von Meilen eine Spurweite von sechs Fuß (183 cm), während bei den anderen Linien und in Kanada wieder andere Maße üblich waren. Ebenso war in Holland die Spurweite sechs Fuß (183 cm), und die erste russische Eisenbahn, die 1837 auf der kurzen Strecke zwischen Petersburg und Zarskoje Selo eröffnet wurde, hatte die gleiche Spur. Die heutige russische Standardspur von fünf Fuß (152,5 cm) wurde durch zwei amerikanische Ingenieure eingeführt. Es waren George Whistler, der Vater des Malers, und Thomas Winan, die 1842 die Linie St. Petersburg–Moskau bauten. (Mit ihnen kam auch die Firma Eastwick and Harrison nach Rußland, die ihre Lokomotivenfabrikation nach und nach hierher verlegte.) Inzwischen hatte sich die Spurweite von 143,5 cm in fast ganz Westeuropa durchgesetzt, außer in Spanien und Portugal, wo sich die Spurweite von 167,5 cm weiter hielt.

Die größte Spurweite der Welt entstand in England auf der Great Western Railway auf Veranlassung von I. K. Brunel und betrug sieben Fuß (213,5 cm). Brunel war nicht nur Ingenieur, sondern auch Künstler und hatte wie Stephenson genügend Phantasie, um sich Geschwindigkeiten von 150 Stundenkilometern vorzustellen. Aber anders als dieser glaubte er, diese seien nur bei einer breiteren Spur möglich. Die Hauptlinie von London nach Bristol wurde, wenn auch zwei längere Abschnitte von 10 ‰ Steigung sich nicht ver-

60 Der Bahnhof Bern im Jahre 1860. In ganz Europa finden sich heute noch allenthalben diese altmodischen, aber praktischen Bahnhofsbedachungen

meiden ließen, ebenso solide angelegt wie die London-Birmingham-Strecke, ja mit noch größerem Aufwand, und nun waren die Great-Western-Züge die schnellsten und luxuriösesten der Welt. Um 1848 betrug ihre Durchschnittsgeschwindigkeit zwischen den Haltebahnhöfen fast 86 Stundenkilometer, während sie bei den sonstigen Linien selten über 60 ging. Im gleichen Jahr brauchte ein Expreß von Paddington nach Didcot für 80 km nur 47,5 Minuten, hatte also im Durchschnitt 100 Stundenkilometer. Diese Zeit stellte für die nächsten dreißig Jahre den Weltrekord dar. Gleise mit der Brunelschen Spurweite gab es eine Zeitlang zwischen London und Birmingham, Carmarthen, Weymouth sowie Penzance, aber schließlich wurden die Gleise an die übliche Spurweite angeglichen, da der technische Fortschritt eine Standardisierung mit sich gebracht hatte. Die Anlage von Breitspurgleisen kostete auch infolge des größeren Materialbedarfs und der größeren Breite des Schienenwegs weit mehr. Am unangenehmsten war jedoch das Umladen des Frachtguts auf den Stationen, wo die Spurweite wechselte.

Länder, die um 1840 noch keine Eisenbahn besaßen, interessierten sich weniger für die technischen Fortschritte in England als für das amerikanische Vorbild, das ihnen zeigte, wie rasch Bahnen gebaut und in Betrieb gehen konnten. Robert Stephenson hatte den Schweizern erklärt, die Alpen seien für gewöhnliche Eisenbahnen eine unpassierbare Schranke, und sie könnten nur mit Drahtseilbahnen überwunden werden, die natürlich unwirtschaftlich waren. Nach diesem Rat hatten die örtlichen Ingenieure keine andere Wahl, als sich eine Schiffskarte nach Amerika zu besorgen, um festzustellen, was die Amerikaner in solchen Fällen taten. Einer von diesen Ingenieuren war der Österreicher Carl von Ghega, der die strategische Notwendigkeit einer Bahn zwischen Wien und Triest durch das Gebirge erkannt hatte und deshalb im Jahre 1842 zur Besichtigung der Baltimore-Ohio-Bahn nach Amerika reiste, die um diese Zeit bereits über das Alleghany-Gebirge fuhr. Zwar gab es noch nicht die steilaufsteigende Zickzacklinie von drei Kilometer Länge, welche B. H. Latrobe zehn Jahre später mit einer Steigung von 100‰ über den Berg führte. Aber die Züge fuhren schon Steigungen von 20‰ hinauf, und dies genügte Ghega. Er besichtigte die Strecke eingehend und beschrieb sie nach seiner Rückkehr in dem Buch: *Die Baltimore & Ohio Eisenbahn über das Alleghany Gebirge*. In einem Begleitband mit Ingenieurzeichnungen veröffentlichte er die Pläne der B & O Lokomotiven, des Wagenparks, der Gleisanlagen und Bahnbauten. Der Erfolg seiner Bemühungen war, daß man ihn für einen Narren erklärte, und das Expertenkommittee, das 1848 zu Beratungen über die Semmeringbahn zusammentrat, entschied, es sei absolut sinnlos, etwas anderes als eine Seilbahn über den Paß zu bauen.

Die Alpen waren zwar von den Alleghanies weit entfernt, aber trotz seiner hohnlachenden Gegner setzte Ghega sich

61 Die *Lord of the Isles*, eine Lokomotive der *Iron-Duke*-Klasse Daniel Goochs. Sie ist mit Fahnen geschmückt, da sie einen Zug mit Soldaten abholen soll, die aus dem Krimkrieg heimkehren. Mit geringen Modifikationen waren diese Maschinen zwischen 1847 und 1888 die meistverwendeten der Great-Western-Breitspurbahn

63 *(rechts)* Gruppe von *Kamelrücken*-Lokomotiven, darunter eine 2-3-0 und eine 0-4-0 sowie ein Zug mit eisernen *Jimmy*-Kohlenwagen vor den Werkstätten der Baltimore-Ohio-Bahn bei Martinsburg/West Virginia. Die Aufnahme stammt aus der Zeit des Bürgerkrieges

62 *(unten)* Englisches Einfahrtsignal mit Signalposten um 1850. Zum Zeichen des Haltens wurden Stange und Scheibe um 90° gedreht

durch. Die Verlängerung der Südbahn hatte bereits 1845 unter seiner Leitung begonnen, und um 1850 näherte sich die lange, kurvenreiche Strecke von Gloggnitz zum Semmeringtunnel mit ihrer Steigung von 25‰ der Vollendung. Ein Seilzug war nicht geplant, und so war es höchste Zeit, nach geeigneten Lokomotiven Ausschau zu halten. Auch hier griff man wieder zu einem Wettbewerb. Die Bedingungen waren, daß eine Maschine mit einem maximalen Achsdruck von sieben metrischen Tonnen einen 140 Tonnen-Zug mit einer konstanten Geschwindigkeit von 12 km pro Stunde bergauf ziehen könnte.

Der Semmeringwettbewerb von 1851 muß ein denkwürdiges Ereignis gewesen sein. Es nahmen vier Lokomotiven daran teil: die *Bavaria* von Maffei in München, die *Seraing* von John Cockerill aus Seraing in Belgien, die einheimische *Wiener Neustadt* und die *Vindobona* John Haswells. Keiner der vier Lokomotiven gelang es, die Bedingungen zu erfüllen. Den ersten Preis trug die *Bavaria* davon, die 123 Tonnen mit einer Durchschnittsgeschwindigkeit von 17,5 km pro Stunde bergauf zog. Durch diese Leistung war sie aber derart überstrapaziert, daß sie nach dem Sieg abgewrackt werden mußte. Zweiter Sieger wurde die *Seraing*, die bei gleicher Belastung 13,5 km pro Stunde leistete; die anderen Maschinen erreichten etwa 10,5 km Durchschnittsgeschwindigkeit.

Obwohl also der Wettbewerb ein relativer Mißerfolg war und die Semmeringstrecke vorerst mit den vorhandenen Lokomotiven betrieben werden mußte, bildete er einen Meilenstein in der Geschichte des Lokomotivwesens, denn nun begann die Entwicklung von Speziallokomotiven. Außer primitiven Sondertypen, wie der *Puffing Billy* in ihrer vierachsigen Form und der *South Carolina*, hatten alle bisherigen Lokomotiven starre Rahmen. Selbst wenn das Vorderende ein Drehgestell besaß, waren zumindest die Treibachsen starr. Sämtliche Lokomotiven des Semmeringrennens [Bilder 64–67] wichen jedoch von diesem Prinzip ab. Die

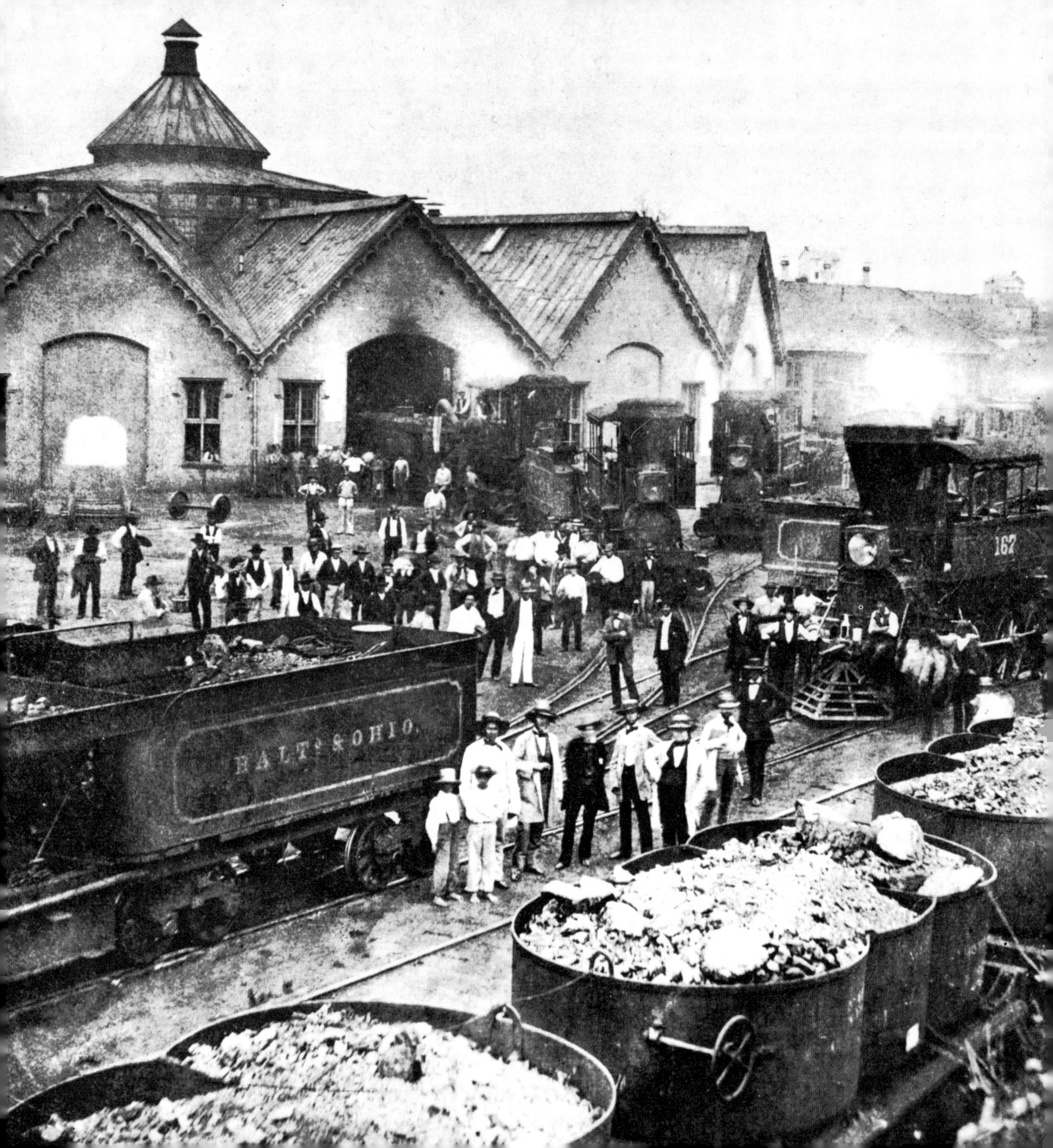

167
BALT? & OHIO.

64–67 Die vier Lokomotiven des Semmering-wettbewerbs von 1851. Ganz oben die *Wiener Neustadt*, eine Vorläuferin der Gelenklokomotiven, darunter die *Bavaria*, die einen Pyrrhussieg davontrug, rechts oben die *Seraing*, Vorläuferin des *Fairlie*-Typs und die *Vindobona* (rechts Mitte), das Muster für die Standardlokomotive der österreichischen Staatsbahnen

68 *(rechts unten)* Eine Lokomotive des *Engerth*-Typs, die Haswell nach dem Semmering-Wettbewerb entwickelte. Ihre Achsen waren sämtlich gekuppelt

Bavaria war eine 0-4-0, deren erste beiden Achsen auf einem Drehgestell saßen und durch eine Kette mit den folgenden gekuppelt waren. Die *Seraing* war eigentlich vom Typ *Fairlie*, ein direkter Abkömmling der *South Carolina* und vermutlich eine Erfindung des englischen Ingenieur-Schriftstellers Robert Fairlie, der sie sich ein paar Jahre später patentieren ließ. Die *Vindobona* war eine Engerth-Lokomotive, die heute in ihrer ursprünglichen Form nicht mehr existiert; alle ihre Räder waren durch Stangen gekuppelt, wobei eine Blindwelle für die nötige Elastizität beim Passieren der Schienenfugen sorgte. Dieser Typ sollte für viele Jahre zur Standardlokomotive der Wiener Südbahn werden. Die *Wiener Neustadt* dagegen, welche zunächst als völliger Mißerfolg galt, wurde die Vorläuferin des Mallettyps, der nach einiger Zeit die stärksten und leistungsfähigsten Dampflokomotiven der Welt hervorbrachte. Die erste brauchbare deutsche Lokomotive „Saxonia" wurde auf der Strecke Leipzig–Dresden 1839 in Dienst genommen und erst nach 17 Jahren, 1856, durch eine andere ersetzt. Um 1840 nahmen die heute noch bestehenden Firmen Maffei in München, Borsig in Berlin und Henschel in Kassel den Lokomotivbau auf. 1845 hatte das Eisenbahnnetz in Deutschland bereits eine Länge von 2300 km.

Der Reisekomfort dieser Frühzeit war spartanisch. In Europa gab es drei oder sogar vier Wagenklassen. Die Reisenden der ersten Klasse saßen zu entsprechenden Preisen von Anfang an bequem und genossen von den dreißiger Jahren an sogar den Vorzug eines andeutungsweisen Schlafwagens. In der zweiten Klasse war der Komfort unterschiedlich, die Passagiere konnten hier jedoch auch im schlimmsten Fall mit einem Sitzplatz und einem Dach über dem Kopf rechnen. Beides wurde den armen Dritterklassereisenden selten gewährt. Sie wurden in eine Art Waggons gepfercht, die als Anhängsel an Güterzüge nur eben geduldet waren, wo es der Eisenbahngesellschaft paßte. Als Pullman und Wagner in den sechziger Jahren besonders komfortable Reisemöglichkeiten schufen, geschah dies auf privater Basis. Bis dahin wurden die Bahnreisenden „zwar schneller als mit der Post oder dem Kanalboot befördert, saßen aber, steif in ihre engen Sitze gezwängt, dicht unter dem niederen Dach und litten, besonders im Winter, unter schlechter Luft. Öfen an beiden Enden des Wagens erzeugten mehr Kohlenoxyd als Wärme. Die Fahrgäste in ihrer nächsten Nähe wurden geröstet, die anderen froren. Kerzen verbreiteten ein frommes Zwielicht. Bei trockenem Wetter waren Staub und Ruß atemberaubend, und die Passagiere sahen am Ende ihrer Reise aus, als hätten sie ihren Tag in einer Schmiede verbracht.“ Horace Porter, in dessen Bericht von 1889 diese Schilderung vorkommt, war als Vizepräsident der *Pullman Car Company* vielleicht in seinem Urteil nicht ganz unparteiisch, hatte aber durch seine Position genaue Einblicke.

Auch die Betriebssicherheit ließ anfangs viel zu wünschen übrig. Tödliche Unfälle waren zwar seltener als bei den Postkutschen. Allein wenn eine Kutsche umstürzte, so war es die Schuld des Postillons, der es an Vorsicht oder Sorgfalt bei der Instandhaltung seines Fahrzeuges hatte fehlen lassen. Eisenbahnunfälle dagegen wirkten viel alarmierender, weil dafür kein Mensch unmittelbar verantwortlich war. Sie passierten durch Schienen- oder Achsenbrüche oder durch den Irrtum eines unsichtbaren Streckenwärters, und immer argwöhnte man, daß sie durch besseres Material oder strengere Disziplin zu vermeiden gewesen wären. Ihr wahrer Grund konnte Böswilligkeit oder falsche Sparsamkeit sein. Irgendwie hatte vielleicht die Gesellschaft mehr Rücksicht auf ihre Aktionäre genommen als auf die Passagiere. Die Menschen fühlten sich ausgeliefert und waren mißtrauisch.

Leider lernte man die notwendige Vorsicht erst auf dem bitteren Weg der Erfahrung. Eine schwere Lebensgefahr bedeutete es für die Reisenden, daß sie aus Gründen der besseren Platzanordnung und einfacheren Fahrkartenkontrolle eingeschlossen wurden, wie es anfangs in ganz Europa üblich war. Nach einer Entgleisung bei der Chemin de fer

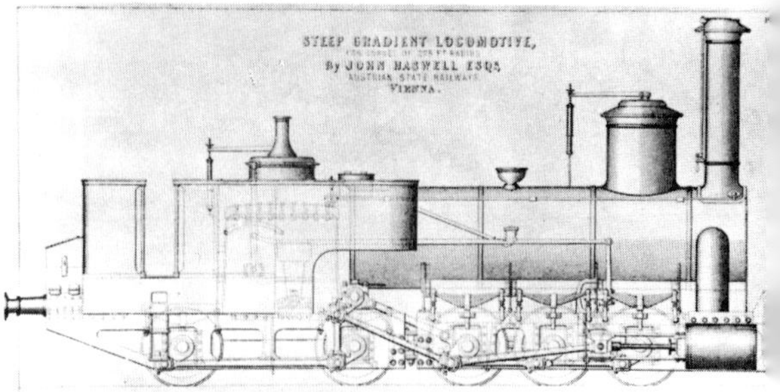

69 Signale zur Kontrolle eines Eisenbahnknotenpunktes in England um 1850, eine frühe Form des Stellwerks, bei der Signale und Weichen gegeneinander verriegelt waren

de l'Ouest in der Nähe von Meudon im Jahre 1842, bei der Feuer ausbrach [Bild 70], gab man in Frankreich diese Unsitte auf. Mehrere hochgestellte Persönlichkeiten, darunter der Admiral Dumont d'Urville, sowie eine Anzahl gewöhnlicher Fahrgäste waren lebendig verbrannt, weil sie die Wagentüren nicht öffnen konnten. Doch ging man im übrigen Europa erst nach ähnlichen Vorfällen von dieser gefährlichen Gewohnheit ab. Bei Entgleisungen kam es fast immer zu Feuerausbrüchen. Wenn die Lokomotive umgekippt war, stürzten die hölzernen Wagen darüber, und jedesmal ging der ganze Bretterhaufen, angefacht von den rotglühenden Kohlen der darunterliegenden Lokomotive, in Flammen auf.

Der häufigste Eisenbahnunfall war der Zusammenstoß. Dionysius Lardner, ein unermüdlicher Sammler statistischer Einzelheiten über die frühen Eisenbahnen, gibt folgende Unfallziffern für das England der Jahre nach 1840: Zusammenstöße 56 %, Rad- und Achsenbrüche 18 %, Schienenbrüche 14 %, falsche Signale 5 %, Behinderungen 3 %, Vieh auf der Strecke 3 %, Kesselexplosionen 1 %. Die kontinentalen Bahnlinien, die ebenso wie die englischen zweigleisig waren, hatten noch nicht so viel Zugverkehr und daher auch weniger Kollisionen. Zuerst betraute man Polizisten mit der Signalisierung. Sie hielten nach Passieren eines Zuges für eine gewisse Zeit ein Gefahrensignal hoch. Natürlich war dadurch nicht ausgeschlossen, daß der vorhergehende Zug schon nach der nächsten Kurve plötzlich halten mußte. Eine schnelle und zuverlässige Auskunft darüber, daß er die nächste Station ordnungsgemäß passiert hatte und die Strecke frei war, konnte erst der elektrische Telegraph geben, der nach 1840 in Gebrauch kam. Informationen über den Streckenzustand erhielt der Lokomotivführer außerdem durch verschiedene Arten von festen Signalen. Die üblichen waren: Signalarme, Flaggen, an Masten hochgezogene Bälle und Scheiben, die abwechselnd waagerecht oder senkrecht gestellt wurden. Nach 1850 wurden die festen Signale häufig mit den Weichen verriegelt, so daß es für einen Signalisten nicht mehr möglich war, dem Lokomotivführer die Strecke freizugeben, wenn sie nicht frei war. In diesem Fall wurde der Zug automatisch auf ein Seitengleis geleitet, das auf einem hohen Damm endete. Die englischen und deutschen Signalsysteme benutzten ein und dasselbe Signal, um sowohl freie Fahrt als auch Halt zu geben. Diese Signale waren kompliziert und teuer, da sie nach britischer Tradition genau anzuzeigen hatten, in welches Gleis der Zug einfahren sollte. Nur die Franzosen machten einen Unterschied (und machen ihn auch heute noch) zwischen dem Signal, das dem Lokomotivführer mitteilte, die Strecke sei frei von vorhergehenden Zügen, und dem anderen, das ihm ein Hindernis anzeigte. Dadurch, daß sie beim ersten Signaltyp gestatteten, vorsichtig weiterzufahren, und beim zweiten die Durchfahrt verboten, bis das Signal auf „frei“ stand, be-

70 Das Eisenbahnunglück von Me don bei Versailles vom 8. Mai 1842. In Frankreich wurden nach dieser furchtbaren Erfahrung die Fahrgäste nicht mehr in den Wagen eingeschlossen

71 Eröffnungsfeierlichkeiten der Eisenbahn in Chartres am 5. Juli 1849. Zwei Lokomotiven stehen Seite an Seite zum Empfang des Segens

seitigten sie eine Doppeldeutigkeit, die vielfach noch heute eine Quelle von Unfällen ist.

Alle diese Signale setzten Doppelgleise voraus, die in Europa bei Hauptstrecken von Anfang an bestanden. Die amerikanischen Bahnen dagegen hatten meist eingleisige Strecken, und hier war das Hauptproblem, Frontalzusammenstöße zu vermeiden, was vor der Erfindung der Telegraphie außerordentlich schwierig war. Die zuerst angewandte Methode bestand in der genauen Einhaltung des Fahrplans. Extrazüge wurden, wenn nötig, in kurzen Abständen hinter dem fahrplanmäßigen Zug eingeschoben, und alle ihre Lokomotiven außer der letzten trugen weiße oder grüne Flaggen. Jeder Zug hatte bei einem unvorhergesehenen Halt sofort einen Mann mit einer Flagge auszusenden, um den Zug vor einem Zusammenstoß von hinten zu bewahren. Es war den Zugführern streng verboten, vorzeitig abzufahren. Die eigentlichen Komplikationen brachten jedoch die Verspätungen. Wo die Züge sich begegnen sollten, war im Fahrplan festgelegt, und alle Güterzüge mußten hier warten, einerlei wieviel Verspätung der fällige Personenzug hatte. Züge gleicher Gattung hatten nur 15 Minuten zu warten und fuhren dann ab. Der Lokomotivführer eines Zuges mit halbstündiger Verspätung konnte also, da er diese Regelung kannte, ausrechnen, an welchem Ausweichpunkt er dem Gegenzug nun begegnen würde. Ein Durcheinander entstand erst, wenn beide Züge 30 Minuten Verspätung hatten und über die Verspätung des Gegenzuges nicht informiert waren. In dieses Chaos kam erst durch die Einrichtung des elektrischen Telegraphen wieder Ordnung. Der Zugverkehr wurde nun durch einen *General Dispatcher* geregelt, der seine Instruktionen sämtlichen Telegraphisten übermittelte. Diese hatten nun das Recht, neue Begegnungspunkte nach der jeweiligen Situation zu bestimmen, so daß unnötige Aufenthalte vermieden wurden. In dieser Weise entwickelte sich die grundlegende Betriebsmethode für die eingleisigen Strecken Amerikas. Bei den wichtigen Bahn-

linien wurde sie inzwischen durch bessere Methoden ersetzt, ist aber sonst noch allgemein im Gebrauch und wird auch in anderen Teilen der Welt in mehr oder weniger verbesserter Form heute noch angewandt. Selbstverständlich waren auch hier nur Menschen tätig, und manch einem unterlief ein dummer Fehler, den er zu spät erkannte.

Bei all ihrer Unterschiedlichkeit hatten die Eisenbahnen eine gemeinsame Eigenschaft: Sie veränderten, wo sie auch fuhren, das Gesicht der Welt. D. Lardner, der Amerika Mitte 1840 bereiste, schrieb: „Durch die tiefen Wälder des Mississippi, die bis vor ein paar Jahren eines Menschen Fuß nie betreten hatte, durch einsame Gegenden, deren Stille selbst durch den roten Mann nicht gestört wurde, bin ich mit der Eisenbahn gefahren, die von einer Maschine gezogen wurde, die ein erfinderischer Kopf aus Liverpool erdacht hat und die nun mit einer Geschwindigkeit von zwanzig Meilen dahineilt.“ So brachte die Eisenbahn die Errungenschaften der Zivilisation in die entferntesten Teile der Welt, aber auch die ländlichen Gebiete Englands weckte sie aus uraltem Schlummer. John Francis schilderte in einer Schrift von

72 Die kleidsamen Uniformen der Eisenbahnkompanie Paris-St. Germain et Versailles von 1840

74 *(rechts)* Ein Zug der US Military Railroads fährt über eine provisorisch reparierte Brücke, die im Bürgerkrieg zerstört worden war

73 *(unten)* Der Bahntelegraphist war die Schlüsselfigur des amerikanischen Eisenbahnwesens im neunzehnten Jahrhundert

1851 das wilde Gehaben des Heeres von Streckenarbeitern im anklagenden Ton des Bourgeois: „Sie lebten im Status äußerster Barbarei. Einige schliefen in Hütten, die sie aus feuchtem Torf zusammengebaut hatten... andere machten sich ein Gelaß aus Steinen ohne Mörtel und hausten darin samt ihren Familien, ja sie zogen noch einen Profit daraus, indem sie von ihren Arbeitskameraden soviele dazunahmen, wie nur hineingingen... So nächtigten sie in diesen dürftigen, überfüllten Hütten mit Mann, Weib und Kind in sündlicher Vermischung... ohne jede Trennung der Geschlechter... Trunkenheit und Unmoral waren die Regel. Es gab viele Weiber, aber wenige Ehefrauen. Geschlechtskrankheiten verbreiteten sich. Die Arbeit ging pausenlos auch an Sonntagen wie an anderen Tagen weiter."

Die Anhänger der guten alten Zeit wetterten gegen diese verkommenen Eindringlinge, die dem unverdorbenen Landvolk nur Schlechtes brachten. Allein die Eisenbahnen waren gar nicht so destruktiv. Als billiges und schnelles Beförderungsmittel gaben sie dem einfachen Mann endlich die Möglichkeit zu reisen, und die erste Lektion, die er dabei lernte, war die, daß der ferne Nachbar ein Mensch wie er war, mit dem er freundschaftliche Beziehungen aufnehmen konnte. Dieses Wissen lockerte seine örtlichen Bindungen etwas und befreite ihn von den Schranken, die ihm der Feudalismus bisher gesetzt hatte, unblutiger und ebenso wirkungsvoll, wie es die Revolution fünfzig Jahre früher in Frankreich getan hatte. Die Eisenbahnen ermöglichten auch das Anwachsen der Städte, die nun besser mit dem Lebensnotwendigen versorgt werden konnten.

Der amerikanische Historiker Thomas Clarke schrieb 1889 über die Entwicklung der Eisenbahn: „Wenn wir die Wirkung all dieser wunderbaren Wandlungen auf das menschliche Glück betrachten, so müssen wir zugeben, daß der Ingenieur auf gleicher Stufe mit dem Staatsmann und Soldaten stehen sollte, und daß es keine größeren Wohltäter der Menschheit gibt als die Stephensons und ihre Nachfolger."

75 *(unten)* Das dorische Eingangsportal Philip Hardwicks zur Station Euston der London-Birmingham-Bahn von 1839. Es wurde 1963 zum Bedauern vieler Londoner abgerissen

76 *(rechts)* Ein Zug der Schmalspurbahn Denver–Rio Grande schlängelt sich zwischen Durango und Silverton durch das Flußtal der Lost Souls, das im Schatten der Needle Mountains Südwestcolorados liegt

DRITTES KAPITEL

Vervollständigung des Eisenbahnnetzes (1870-1900)

Um 1870 waren die Bahnen der wichtigsten Industrieländer weitgehend fertiggestellt. In Amerika hatte man gerade die erste transkontinentale Bahnlinie eröffnet, während die starkbesiedelten Oststaaten schon ein ziemlich dichtes Eisenbahnnetz besaßen. Hier konnte man sich darauf beschränken, durch die Anlage von Nebenlinien einzelne leeren Stellen der Landkarte auszufüllen. Hauptstrecken wurden nach 1870 nur wenige gebaut, und noch geringer war der zukünftige Bedarf.

Andererseits gab es noch weite Teile der Welt ohne Eisenbahnen. In Afrika führten nur wenige kurze Bahnlinien von Häfen wie Alexandria oder Durban aus ins Landesinnere. Ähnlich verhielt es sich mit Asien, wo nur Indien Eisenbahnen aufzuweisen hatte. Nach dem Aufstand von 1857 waren sie hier mit Energie in Angriff genommen worden, und ein nationales Eisenbahnsystem nahm bereits Gestalt an. Auch in Australien und Neuseeland war seit den siebziger Jahren der Eisenbahnbau in lebhafter Entwicklung.

Mitte der sechziger Jahre war das Problem der Spurweite wiederaufgegriffen worden. Jetzt neigten die Ingenieure mehr zu schmaleren Spuren als der bisherigen Norm von 143,5 cm. Der große Vorzug einer schmalen Spur war unbestreitbar ihre Billigkeit. Bei einer solchen Bahn konnten die Kurven enger gehalten werden, wodurch beim Gleisbau, der wegen der geringen Breite ohnehin billiger war, viele

77 *(links)* Das vielleicht berühmteste Eisenbahnfoto, das je aufgenommen wurde. Es zeigt den denkwürdigen Augenblick, als die Union-Pacific-Bahn und die Central-Pacific-Bahn am 10. Mai 1869 am Promontory Point in Utah zusammentrafen. Damit war die erste transkontinentale Bahnlinie Amerikas geschaffen

78 Ein Personenzug der Strecke Paris–Orléans, der hinter einer der 1876 eingeführten 1-2-1-Lokomotiven aus dem Bahnhof fährt, während eine 0-3-0 älterer Bauart auf dem Nebengleis steht. Gemälde von H. M. le Fleming

Erdarbeiten eingespart wurden. Auch die Züge selbst waren schmaler und deshalb weniger kostspielig. Die Frage war nur, ob eine solche Schmalspurbahn leistungsfähig genug wäre, was bis 1860 bezweifelt wurde. Hie und da in Fabriken und Gruben gab es zwar schon derartige Dampfbahnen [Bild 44], aber das besagte wenig.

79 Diese Darstellung eines drohenden Zusammenstoßes aus den achtziger Jahren wurde von einer amerikanischen Lebensversicherung als Reklame benutzt – eine Eisenbahngesellschaft hätte den Zusammenstoß sicher nicht so überzeugend geschildert

Die erste rentable Schmalspurbahn war die Festiniog-Linie in Nordwales, eine etwa 20 km lange Strecke von 51 cm Spurweite mit Pferdebetrieb, dic 1863 auf Dampflokomotiven umgestellt wurde. Die Voraussetzungen dafür waren so ungünstig wie möglich, da die Spur für die große Entfernung zu eng war und außerdem die Lokomotiven

80 Die Schmalspurlokomotiven der South Park and Pacific Company in Denver/Colorado waren mit einem besonderen Funkenfänger ausgerüstet, der die glühenden Kohlepartikel aufhalten sollte, um sie durch ein Fallrohr auf die Gleise zu leiten. Hier nehmen die beiden Maschinen gerade in Golden/Colorado Wasser auf. Das Bild stammt von 1938, kurz bevor die Bahnlinie stillgelegt wurde

übermäßig schmal sein mußten, da sie zwei nur für einen Pferdekörper bestimmte Tunnels zu passieren hatten. Trotzdem machte sich die Umstellung auf Dampflokomotiven bezahlt, und die Ingenieure erkannten schnell, daß Bahnen mit etwas breiterer Spur, die noch immer recht billig waren, jede Art von Verkehr bewältigen könnten. So fing man an, Gleise von 91,5 cm, 100 cm oder 106,5 cm Spurweite zu verwenden. Nach 1865 baute man in Europa nirgends mehr Breitspurbahnen, einige bereits vorhandene wurden sogar verengt. In Südamerika, Indien, Spanien, Portugal und Südaustralien dagegen wurde die Breitspur beibehalten, wenn es sich um die Verlängerung alter Linien handelte, und vereinzelte Länder wie China und Persien wählten noch um 1870 die Normalspur von 143,5 cm. Die übrigen Länder Asiens dagegen verwendeten allgemein die neue Spurweite von 106,5 cm. In Amerika versuchte man es sogar mit großem Enthusiasmus mit 91,5 cm, und bis zum Jahre 1900 gab es über 24 000 km Gleis in dieser Spurweite. Das Königreich der Schmalspurbahnen waren aber die Colorado Rockies, wo die Denver and Rio Grande Railroad Co 1867 die Bahnlinien gebaut hatte. Das anfängliche Mißtrauen der Leute, die nicht glaubten, daß ein Zug auf so engen Gleisen dieselbe Bequemlichkeit bieten und ebensoviel leisten könne wie die bisher üblichen Bahnen, legte sich bald, und ein paar Jahre später erhielt der Präsident der D & RG das folgende Anerkennungsschreiben:

Denver, Colorado
den 20. August 1875

Sehr geehrter Herr!

Mit einigen Bedenken vertraute ich Ihnen zum Transport auf Ihrer Linie meine „Große Weltausstellung" – einen Zirkus, eine Menagerie und ein Aquarium – an. Man hatte mich gewarnt, daß es kaum möglich sein werde, bei dieser Schmalspurbahn ausreichenden Transportraum zu bekommen, und selbst dann wäre es noch wegen der Höhe meiner Tierkäfige ein großes Wagnis. Ich besitze langjährige Erfahrungen im Eisenbahntransport meiner Unternehmen und möchte Ihnen hierdurch meine Anerkennung für Ihre Leistungen aussprechen. Meine Weltausstellung ist, wie ich Ihnen bestätigen möchte, niemals prompter und sicherer transportiert worden, da Ihre Wagen geräumig genug sind, meine Aufbauten, Wagen, Käfige und sogar meinen über drei Meter großen Elefanten von fünf Tonnen Gewicht unterzubringen . . . Die Tieflage der Wagen gestattet ein viel bequemeres Verladen als Wagen der üblichen Spurweite. Da ich außerdem durch Ihre Angestellten und Inspektoren eine zuvorkommende und gewandte Behandlung erfahren habe, möchte ich Ihnen hierdurch sagen, daß das Ganze ein voller Erfolg war.

Hochachtungsvoll
John Robinson junior
Direktor von Old Robinson's Great World's Exposition

81 Gleis in Standardspurweite durch die Colorado Rockies. Der Tunnel wurde 1889 durch den nackten Fels des Colorado Springs and Cripple Creek District gebrochen

Etwa mit dem Semmeringwettbewerb hatte der Bau von Gebirgseisenbahnen das Ende seines ersten Stadiums erreicht. Allein von den Alpenpässen war der Semmering der niedrigste und bot keine ungewöhnlichen Schwierigkeiten. Bei besonders schwierigen Gebirgspässen spielten dann Schmalspurbahnen die führende Rolle. Ausgesprochen kühne und wagemutige Anlagen stellten einzelne Coloradostrecken dar. Bei ihrem Bau kletterten die Photographen mit ihren enormen Plattenapparaten an Steilhängen empor, welche die Bergziegen kaum erklimmen konnten, um das Vordringen der funkensprühenden Lokomotiven und hölzernen Wagen über Klüfte und Abgründe, durch Canyons und Felsentunnels, über krachende Holzbrücken und durch wahre Irrgänge von Schleifen, Spiralen und Haarnadelkurven im Bilde festzuhalten.

Während anfangs vorwiegend Schmalspurbahnen im Gebirge verlegt wurden, folgten ihnen bald auch Bahnen mit Normalspur, denn auch sie vermochten fast jede Höhe zu überwinden. Zunächst war ihre Anlage natürlich kostspieliger; aber wie immer zahlte sich eine größere Kapitalanlage zur rechten Zeit später wieder aus. Der Hauptvorteil bestand darin, daß die Reisenden nun nicht mehr umzusteigen brauchten, da auch die Gebirgsbahnen Normalspur hatten, und daß ebenso auch die Güter nicht mehr umgeladen werden mußten. So sah selbst die mächtige Denver and Rio

HOW TO AVOID DELAYS AND ACCIDENT
NEW YORK CENTRAL AND HUDSON RI
THE ONLY FOUR TRACK RAIL ROAD IN THE W

83 Plakat aus den siebziger Jahren, herausgegeben von der Erie-Eisenbahngesellschaft, einem Konkurrenzunternehmen der New York Central Company, das die Station Hornellsville in New York zur Zeit der Breitspurstrecken zeigt

82 *(links)* Plakat der neugegründeten New York Central Company aus dem Anfang der siebziger Jahre. Ihr Stolz auf die breite Hauptstrecke durch das Hudson-Tal, wo Personen- und Güterzüge unabhängig voneinander verkehren konnten, ist begreiflich. Aber in Europa gab es zu dieser Zeit schon viergleisige Strecken

84 Der Georgetown Loop auf der Schmalspurstrecke der Colorado-Central-Eisenbahn etwa 45 km westlich von Denver in den achtziger Jahren

Grande Railroad Co, die eine Hauptlinie von Denver nach Salt Lake City betrieb und das Schmalspurmonopol über einen großen Teil des Gebirges besaß, ihre Schmalspurlinie von einer Normalspurkonkurrenz bedroht, der an sich kümmerlichen Colorado-Midland-Bahn. Obwohl diese durch ihre ausgesprochen schwierige Strecke, die in atemberaubender Steigung über den Hellgate-Paß ging, im Nachteil war, gelang es ihr, einen beträchtlichen Teil des Güterverkehrs an sich zu ziehen. Schließlich ging die Colorado-Bahn aus Gründen der Selbstbehauptung auch zur Normalspur über. Ähnlich war die Entwicklung allenthalben, doch wurde die Schmalspur nicht völlig verdrängt. Sie fand in den Ländern, die ausschließlich Schmalspurbahnen gebaut hatten, weiterhin Verwendung und tat dort auch auf den Hauptlinien gute Dienste. Sonst überlebte sie nur in einer Anzahl von Zubringerbahnen, meist in Gebirgsgegenden.

Um 1870 gab es bereits eine große Zahl technischer Vorschriften für den Bahnbau im Gebirge; eine der ersten betraf die maximal zulässige Steigung. 25 ‰ galten als absoluter Höchstwert, aber auch nur unter der Bedingung, daß eine zweite Lokomotive verwendet wurde. Nur in Ausnahmefällen wurden bei besonders leichten Zügen Steigungen von 30 ‰ oder sogar 40 ‰ zugelassen. In Gebirgstälern, deren durchschnittliche Steigung die zulässigen Höchstwerte nicht überschritt, gab es keine größeren Schwierigkeiten. Lokale Höhendifferenzen konnten dadurch ausgeglichen werden,

daß man die Strecke am Berghang entlangführte, obwohl dies Felssprengungen, Tunnels und Viadukte über Seitentäler bedingte und entsprechend kostspielig war. Viel komplizierter wurde der Bahnbau, wenn die Steigung der Talsohle den maximal zulässigen Wert überschritt. Dann blieb als einzige Möglichkeit, die Strecke so zu verlängern, daß sie die nötige Höhe erreichte, ohne das zulässige Steigungsmaß zu überschreiten. Manchmal konnte man die Bahnlinie ein Seitental hinaufführen und an dessen Ende eine Schleife vorsehen, auf der die Bahn dann mit einem Gewinn an Höhe zurückfuhr. Nicht selten war es auch möglich, die Gleisanlage rund um einen Berg zu führen, so daß die Strecke weiter oben die untere kreuzte. Eine Spirale dieser Art war der Georgetown Loop [Bild 84]. Wo das aufragende Gebirge jeden anderen Ausweg verbaute, wurden spiralförmige Tunnel durch den Berg getrieben, und der Zug machte dann innerhalb des Berges einen vollen Kreis, um ein Stück oberhalb seiner Einfahrtsstelle wieder zum Vorschein zu kommen. Diese Kehrtunnels kommen in den Alpen vielfach vor, sind aber auch in anderen Ländern zu finden. Der letzte Ausweg aus solchen Schwierigkeiten waren die Umkehrstationen. Wenn der Weg nach oben völlig blockiert war, wurde der Zug auf demselben Weg, aber eine Stufe höher, rückwärts geführt. Solche Zickzackstrecken finden sich in Burma, Indien und eine sehr berühmte in den Anden.

Die Anlage eines Tunnels durch die felsigen Bergmassive war eine teure Angelegenheit. Die amerikanischen Ingenieure waren aus finanziellen Erwägungen im Tunnelbau sehr viel zurückhaltender als die europäischen und scheuten keine noch so umständlichen Umgehungsstrecken, um ihn zu vermeiden. Daß dann später die Strecke zu ihrer Verbesserung doch noch einen Tunnel erhielt, wurde fast zum Prinzip der amerikanischen Planung. Ein interessantes Beispiel dafür ist der Übergang der Great Northern Railway über den Cascade Range zwischen Spokane und Seattle [Bild 86]. Als die Strecke 1893 mit einer Steigung von 22,5 ‰

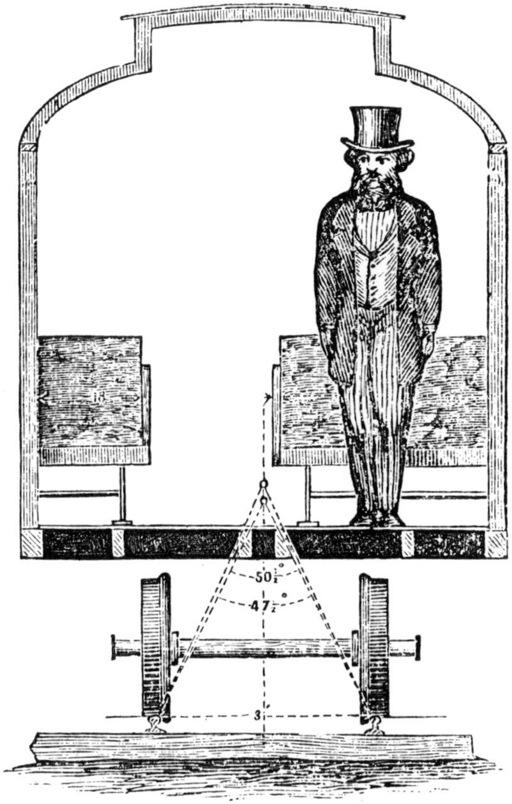

85 Graphische Darstellung aus einem amerikanischen Lehrbuch von 1875, die beweisen sollte, daß bei den breiten Personenwagen der 91,5-cm-Spurweite keine Gefahr des Umkippens bestand

86 Die zahlreichen Haarnadelkurven der Great Northern Railway über den Cascade Range zwischen Spokane und Seattle

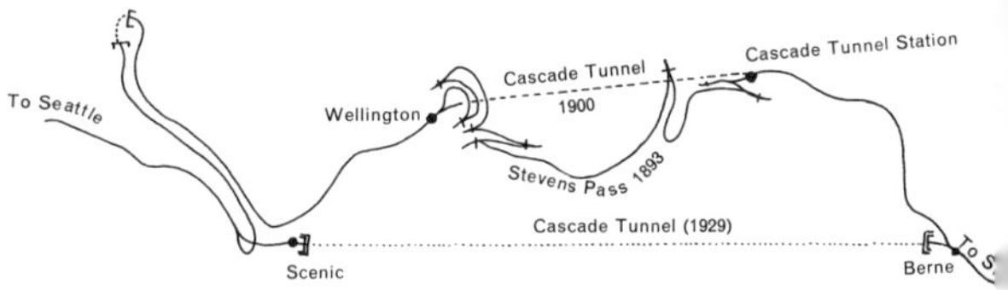

87 Einen der letzten großen Einachsertypen, die in England gebaut wurden, entwarf Johnson 1887 für die Midland-Bahn. Die Lokomotive tat ihren Dienst bis Ende 1920 und wird heute als Museumsstück gezeigt

88 *(oben)* Beim Verschwinden der Dampflokomotive in England bewahrten verschiedene Eisenbahngesellschaften Stücke von historischem Interesse für die Nachwelt auf. Ein Sonderzug bei der Ausfahrt aus Haywards Heath mit einer 2-1-1 der Caledonian Railways von 1886 (seinerzeit eine wegen ihrer Schnelligkeit bekannte Bauart) und einer T 9 2-2-0 der London and South Western Company von 1899

89 *(unten)* Die original Highland Güterzuglokomotive *Big Goods*, eine 2-3-0 von 1894, und dahinter eine Caledonian-Lokomotive von 1899, die noch 1963 gute Dienste tat

90 Englische Karikatur von 1883, als die Arbeiten am Kanaltunnel infolge der Vorstellungen von Militärs eingestellt wurden

gebaut wurde, erwies es sich als unmöglich, die letzten Höhen des Stevens-Passes zu bewältigen, und es wurde ein Tunnel von 3,8 km Länge notwendig. Jedoch wollte man nicht bis zu dessen Fertigstellung warten (seine Anlage dauerte sieben Jahre) und baute eine provisorische Bahnstrecke von 18 km über den Paß, die 40 ‰ Steigung und nicht weniger als acht Umkehrstationen hatte. Seit 1900, dem Jahr der Eröffnung des ersten Kaskadentunnels, wurde sie nicht mehr benutzt. Doch war die Bahn infolge kilometerlanger Steigungen sowie häufiger Lawinen und Erdrutsche teuer im Betrieb, und so entschloß man sich schließlich zu einem weiteren Tunnelbau, der zweiten Kaskade, die 11 km lang ist. Sie wurde 1929 eröffnet und verkürzte die Strecke um 13,5 km.

Die ersten, wirklich leistungsfähigen Bergbahnen entstanden in Europa, und der früheste Alpentunnel war der französisch-italienische Mont-Cenis-Tunnel. Er ist 12 km lang und verbindet Modane mit Bardonnecchia. Die Bauzeit erstreckte sich über dreizehn Jahre, von 1857–1870. Eine ganz erstklassige Hauptstrecke über die Alpen stellte dann die Gotthardbahn dar. Sie verläuft von Norden nach Süden und verbindet Zürich mit Lugano. Offiziell wurde sie von einer Privatgesellschaft gebaut; in Wirklichkeit kam die Hälfte des Kapitals aus schweizerischen, italienischen und deutschen Regierungszuschüssen. 1872 wurde der Bau begonnen, schon zehn Jahre später konnte der 14,9 km lange Tunnel für den Verkehr freigegeben werden. Der Tunnelbau war eine heldenhafte Leistung, da die Ventilation außerordentlich schlecht und das Gestein hart und zugleich brüchig war. Nicht weniger als 177 Arbeiter verunglückten tödlich dabei, und der Ingenieur Louis Favre starb auf einem Besichtigungsgang an einem Herzkollaps. Eindrucksvoll sind bei der Gotthardbahn auch die zahlreichen Kehrtunnels und die beiden Gebirgsstrecken selbst. Sie besitzen eine kontinuierliche Steigung von 25 ‰ und gehen größtenteils an den Berghängen entlang. Andere große Bahnlinien über die

Alpen folgten, und die Geschichte ihrer Entstehung wäre jeweils ein Thema für ein ganzes Buch.

40 ‰ war der höchste Steigungsgrad, den die üblichen Lokomotiven unter normalen Bedingungen überwinden konnten. Für einzelne Bahnstrecken, die dieses Maximum überschritten, wurden Speziallokomotiven konstruiert. Es gab zwei Haupttypen; zunächst eine Bauart, welche in amerikanischen Holzfällerbezirken, aber auch sonst für höhergelegene Gruben im Gebrauch war. Sie hatte Reduktionsgetriebe für alle Räder, konnte Steigungen bis zu 100 ‰ auf grobverlegten, provisorischen Strecken bewältigen und leistete am meisten bei niedriger Geschwindigkeit. Zwei dieser in Europa unbekannten Maschinen zeigen Bild 91 und Bild 92.

Der andere Lokomotivtyp war nach dem Blenkinsopschen Muster konstruiert und fuhr auf Zahnschienen verschiedenster Ausführung. Zahnradgleise waren kostspielig und mußten genau verlegt werden, so daß man sie auf provisorischen Strecken nicht benutzen konnte. Sie ermöglichten einen Steigungswinkel von maximal 45°. Die meisten Steilstrecken waren kurz und dienten der Beförderung von Reisenden auf besondere Aussichtspunkte. Als erste wurde 1867 eine Zahnradbahn zum Mount Washington in Amerika gebaut. Seitdem existieren sie in vielen Ländern und sind am zahlreichsten in den Alpen. Es gibt zwei Hauptsysteme, das Riggenbachsystem, bei dem zwei Zahnräder unter der Lokomotive an einer Stahlleiter zwischen den Schienen entlanglaufen, und das Abtsystem, bei dem die Stahlleiter durch zwei dicht nebeneinanderliegenden Zahnstangen ersetzt ist, die auf Lücke stehen. In Einzelfällen, wie bei der argentinisch-chilenischen Transanden-Bahn, wurde das Abtsystem sogar bei einer Hauptstrecke angewandt, und hier erklimmen Fernzüge Steigungen von 100 ‰.

Es gab noch ein drittes System, eine Erfindung des Engländers J. B. Fell, das die Zahnstange durch eine glatte Mittelschiene ersetzte, in die horizontale Treibräder und

91 und 92 Zwei amerikanische Zahnradlokomotiven. *Oben:* die *Shay*, bei der alle Räder durch eine seitlich angebrachte Welle angetrieben wurden, die durch drei vertikale Zylinder neben dem Dampfkessel in Bewegung gesetzt wurde. *Unten:* eine kleinere Bauart, die *Climax*, mit einer zentralen Antriebswelle

93 Ein seltsames Überbleibsel des neunzehnten Jahrhunderts in Amerika ist die Mount-Washington-Zahnradbahn in New Hampshire, die in allen Einzelheiten noch völlig altmodisch ist

Spezialbremsschuhe eingriffen. Diese Konstruktion, die auf dem Adhäsionsprinzip beruhte, war nicht ganz unabhängig vom Wetter, aber dieser Nachteil wurde dadurch ausgeglichen, daß sich schwere Züge bei der Talfahrt leichter bremsen ließen. Dieses System wurde bei einigen wichtigen Linien angewandt, zum erstenmal bei der Musterstrecke über den Mont-Cenis-Paß, die drei Jahre lang in Betrieb war, bis im Jahre 1870 der Tunnel fertig wurde. Die berühmteste Fell-Bergbahn ging über den Rimutaka in Neuseeland. Hier wurden die Züge $4^1/_2$ km weit von sechs Fell-Lokomotiven eine Steigung von 70 ‰ hinaufgezogen. Die Bahn [Bild 95] war seit ihrer Eröffnung im Jahre 1878 bis 1955 in Betrieb, als der 8 km lange Tunnel fertig wurde.

Mit dem Bau der Bergbahnen wurde auch der Ruf nach einem dichteren Eisenbahnnetz im Flachland immer dringender. Da die Orte, die nicht an einer Bahnstrecke lagen, von Handel und Verkehr ganz abgeschnitten waren, hatten sie starke wirtschaftliche Nachteile. Für sie mußten Nebenstrecken angelegt werden, was ein Finanzierungsproblem war, da der Bau von Bahnen für Gebiete mit kleinerem Handelspotential unrentabel und keineswegs billiger war. Private Eisenbahngesellschaften bauten nur da, wo sie einen Gewinn erwarteten, und so mußte der Staat den Bau solcher Nebenstrecken übernehmen oder zumindest finanzieren helfen. In Europa ging die Initiative gewöhnlich von den Regierungen aus. In Frankreich zum Beispiel wurden sie durch den Freycinet-Plan von 1879 festgelegt. Er sah einen Schienenstrang mit Standardspur zu jeder *sous-prefecture* vor, was in der Praxis jede kleinere Stadt bedeutete, und daneben eine Unzahl Schmalspurbahnen für die dazwischenliegenden Dörfer. Im Jahre 1914 lag der Plan fast vollständig vor, aber nach dem Krieg haperte es mit der Ausführung, und inzwischen hat sich der Omnibustransport für das flache Land als bedeutend praktischer erwiesen.

Privatgesellschaften bauten unrentable Bahnlinien gelegentlich nur aus Gründen des Konkurrenzkampfes. Die englische und amerikanische Eisenbahngeschichte in der zweiten Hälfte des neunzehnten Jahrhunderts liest sich manchmal wie ein militärischer Lagebericht. Oft stößt man auf Sätze wie die folgenden: „X, der ehrgeizige Direktor der A & B Kompanie, beschloß, dem gewagten Vorstoß der C & D Kompanie in sein Territorium die Stirn zu bieten. Nachdem er durch ein geheimes Abkommen mit der neutralen E & F

94 Aus der Frühzeit der Brünig-Bahn. Die Bergbahn Interlaken – Luzern pausiert an einer schwierigen Stelle der mit einer Zahnstange ausgestatteten Steigung von 95 ‰ zwischen Meiringen und Brünig – Hasliberg

95 Zwei der ursprünglichen Fell-Lokomotiven während der Bergauffahrt zum Rimutaka Incline. Sie passieren gerade die Windschutzwand an der Siberia Curve, wo im Anfang einmal ein Zug durch den Sturm entgleist war. Man beachte die Fell-Mittelschiene, in die horizontale Treibräder und Bremsschuhe eingreifen

Kompanie eine Flankendeckung erwirkt hatte, machte er der mittellosen G & H Kompanie ein großzügiges Angebot. Die C & D Kompanie, die ihre eigenen Pläne für dieses Gebiet hatte, schlug zurück, aber zu spät, X war jetzt im Besitz einer Strecke, die sich wie ein Pfeil in die eigentliche Domäne der C Kompanie bohrte." In England überschritt der Kampfeseifer der einzelnen Gesellschaften jedoch selten die Grenzen des geschäftlich üblichen scharfen Konkurrenzkampfes.

In Amerika wurden solche Wegerechtsdispute manchmal mit Gewaltmethoden bereinigt. Der berühmteste Fall war der Streit zwischen der Santa-Fe- und der Rio-Grande-Kompanie im Jahre 1878. Er betraf den engen Royal-Gorge-Paß, der nur für ein einzige Gleis Platz bot [Bild 96]. Wem er gehören sollte, wurde von zwei Gruppen bezahlter Rowdies entschieden. Den Sieg trug die Rio-Grande-Kompanie davon. Da ihre Heckenschützen die Baugruppen der Santa-Fe-Kompanie mit mehr Erfolg an der Arbeit hinderten, erreichte sie den Gipfel zuerst. Das Schlimmste wurde wohl dadurch vermieden, daß General Palmer von der Rio-Grande-Kompanie und Bat Masterson als leitender Ingenieur der Gegenseite im Hinterstübchen einer nahen Kneipe eine Übereinkunft trafen.

Bei diesen örtlichen Zusammenstößen ging es verhältnismäßig fair zu. Wie immer saßen die Lumpen in der Etappe und gewannen mit der Eisenbahn mühelos große Reichtümer, besonders in Amerika, wo die gesetzliche Kontrolle nur auf dem Papier stand. Eine beliebte Methode war, eine Eisenbahngesellschaft zu gründen, die dann bankrott ging, so daß die neue Linie von wenigen Begünstigten billig aufgekauft werden konnte. Eine zweite Methode war, nichtexistierende Gesellschaften vorzutäuschen, die angeblich Konkurrenzlinien bauten. Wenn sich das Opfer nicht dazu erpressen ließ, die Konkurrenz aufzukaufen, war es kein großer Verlust. Am einträglichsten war es für eine Gesellschaft, die vor dem Bankrott stand, die Lokomotiven oder besser auch noch die lebenswichtigen Bahnanlagen an eine neue Gesellschaft aus ihren eigenen Direktoren zu verkaufen. Arthur I. Hadley, Professor für Volkswirtschaft an der Yale-Universität, schrieb 1889 unmutig: „Der Direktor einer großen Eisenbahnkompanie hat die Macht über bedeutende Vermögenswerte. Zwei Möglichkeiten stehen ihm offen. Er kann für die Aktionäre verdienen und sich hierdurch in Ansehen setzen oder auch durch die Aktionäre verdienen und damit selbst reich genug werden, um die öffentliche

96 Ein Zug der Schmalspurbahn Denver – Rio Grande auf der Fahrt durch den Royal Gorge um 1880

97 Ein dörflicher Schmied aus den Wäldern Neuseelands baute dieses Ungetüm um die Jahrhundertwende aus lauter Blechresten zusammen. Es zog eine Holztransportbahn in Raurimu

Meinung zu seinen Gunsten zu beeinflussen. Die erste Art hat den Vorzug der Anständigkeit, die zweite geht schneller ... Ein Mr. Vanderbilt von der New York Central Railroad Co rivalisierte mit einem Mr. Fisk von der Erie-Gesellschaft. Trotz seiner überlegenen Macht und seiner größeren Goldquellen unterlag er, und zwar deshalb, weil er es sich nicht leisten konnte, so dicht an den Toren des Staatsgefängnisses vorbeizuschlüpfen wie sein Konkurrent."

Amerika war das Land der Eisenbahnbarone großen Stils. Aber langsam ging ihre Ausbeutungspolitik dem Ende zu. Die öffentliche Meinung wurde wachsamer, und das Gesetz begann, ihrem Wirken Grenzen zu setzen. Selbst ein Vanderbilt durfte nicht mehr ungestraft sagen „dieses verdammte öffentliche Interesse" (wie er es bei einer berühmten Gelegenheit tat). Der übermächtige Raubkapitalismus zog sich schließlich aus der Eisenbahnfinanzierung zurück, weil sie auf die Dauer keine Gewinne mehr versprach. Die durchschnittliche Verzinsung amerikanischer Eisenbahnaktien sank von 2½% im Jahre 1870 auf 1¾% im Jahre 1890, und seitdem sind sie nie wieder besonders attraktiv geworden. Ein Erbe dieser Vergangenheit blieb jedoch die weitverbreitete amerikanische Antipathie gegen einen unsozialen Wirtschaftsegoismus, die der heutigen Industrie noch nach mehr als sechzig Jahren Abbruch tut. Auch die übermäßige Dichte des amerikanischen Eisenbahnnetzes war eine unerwünschte Erbschaft dieser Zeit. Heute liegen von den etwa 1,2 Millionen Kilometer Eisenbahnstrecken der Welt 330 000 Kilometer, also rund ein Viertel, in den USA. Das reichste Land der Welt vermag sie zwar zu unterhalten, doch waren und sind darunter beträchtliche Überschneidungen und Doppellinien.

Die Verbesserung der Lokomotiven ging in den letzten vierzig Jahren des neunzehnten Jahrhunderts in dreierlei Richtung: Man suchte kräftigere, schnellere und wirtschaftlichere Maschinen zu entwickeln. Im Laufe dieses Prozesses wurde der Unterschied zwischen amerikanischen und europäischen Lokomotiven wesentlich geringer, zumal Konstruktionsideen freimütig ausgetauscht wurden. Trotzdem behielten die Lokomotiven in jedem Land ihren Eigencharakter.

Eine stärkere Zugleistung bedingte natürlich eine Vergrößerung der Maschine, und die wachsende Größe spiegelte sich in der Anordnung der Räder. Anfangs hatte man geglaubt, die Kupplung zweier Räder vermindere die Geschwindigkeit der Lokomotive, und so zog man bis zur Jahrhundertwende für schnelle Züge Lokomotiven mit nur einer Treibachse vor. Die Erfahrung lehrte jedoch, daß Lokomotiven mit gekuppelten Rädern ebenso schnell fuhren, und bei den zunehmend schwereren Zügen wurden sie immer notwendiger. Drei gekuppelte Achsen gab es, wie bereits erwähnt, zum erstenmal um 1840. Lokomotiven mit fünf gekuppelten Achsen wurden in Frankreich sowie in ein oder zwei anderen Ländern um 1860 gebaut, blieben aber für längere Zeit Ausnahmeerscheinungen. Noch seltener verwandte man Maschinen mit sechs gekuppelten Achsen, von denen es einige in Österreich, Amerika und – seltsam genug – vor 1914 auf Java gab. Allgemein bestand der Grundsatz, aus Kostengründen so wenig Treibachsen wie möglich zu verwenden. Nach und nach ging man dann auch in Europa

98 Die 2-5-0 *El Gobernador* der Central-Pacific-Eisenbahnkompanie war die größte Lokomotive der Welt, als sie 1883 auf der Sierra zum Einsatz kam

100–102 *(rechts)* Drei Schmalspurlokomotiven aus dem Katalog von Baldwin/Philadelphia von 1874 für Güterzüge, gemischte Züge und Personenzüge. Die 1-4-0 wog 26 Tonnen und sollte bei einer Steigung von 20‰ 140 Tonnen ziehen können, die 1-3-0 wog 23 Tonnen und sollte 125 Tonnen bewältigen, und die 2-2-0 wog 19 Tonnen und war für 75 Tonnen Gewicht bestimmt

99 Eingeschneiter Zug auf der Settle-Carlisle-Strecke der Midland-Bahn Ende der siebziger Jahre

zur Verwendung von Drehgestellen über, besonders zu deren zweirädriger Variante, der Laufachse, da sie besser die Spur hielten und bei Kurven anpassungsfähiger waren. Das anfängliche Mißtrauen der europäischen Ingenieure gegen Laufachsen war nicht unbegründet, denn zunächst besaßen sie nur einen zentralen Drehpunkt ähnlich der Vorderachse eines Pferdewagens, eine Konstruktion, die nicht zweckmäßig war, sich aber aus der historischen Entwicklung ergeben hatte. Derartige Laufräder entgleisten leicht, stellten sich schräg und wirkten dann als Bremse. Sobald man aber eine durch Federn regulierte Seitenverschiebung der Achse zuließ, wurden die Laufeigenschaften besser.

Die großen Variationsmöglichkeiten in der Anordnung der Räder hatten zur Folge, daß die Lokomotivtypen niemals einheitlich wurden. Es gab stets eine Anzahl von Ausnahmen für die Regel, daß diese oder jene Maschine zu bestimmten Zwecken am geeignetsten war. Doch bestand mancherorts eine gewisse Übereinstimmung der Ansichten. In Amerika gab es zwischen 1870 und 1890 eine solche Typenübereinkunft. Die Abbildungen 100–102 zeigen die Schmalspurlokomotiven aus dem Katalog der Firma Baldwin von 1874, eine 2-2-0, eine 1-3-0 und eine 1-4-0. Einige Gesellschaften zogen auch die 2-3-0 vor. Sie war ein leistungsfähiger Typ und entweder als vergrößerte 2-2-0, als verbesserte 1-3-0 oder als gemäßigt große 1-4-0 anzusehen. Im letzten Viertel des neunzehnten Jahrhunderts bewältigten diese vier Typen im wesentlichen den Transport schwerer Züge. Natürlich gab es zahlreiche Varianten für Sonderzwecke, darunter die Forney [Bild 103], eine Tenderlokomotive, die für Vorortzüge beliebt war.

Zur Lösung des zweiten Problems – Erhöhung der Geschwindigkeit – waren außer geeigneten Laufrädern und Drehgestellen noch andere technische Verbesserungen nötig. In der Frühzeit der Eisenbahnen glaubte man, das Geheimnis der schnelleren Fortbewegung bestehe in möglichst großen Treibrädern. Man versuchte es mit Rädern von drei

Metern Durchmesser, aber diese erwiesen sich als zu groß. Räder von 275 cm Durchmesser waren die größten, die mit Erfolg verwendet wurden, und auch nur auf der 213,5 cm Spur von Brunel. Eine 2-1-2 Tenderlokomotive der Bristol-Exeter-Bahn mit Rädern von 275 cm Durchmesser vom Baujahr 1854 fuhr über 120 km pro Stunde, was zu dieser Zeit ein Weltrekord war [Bild 104]. Schließlich stellte sich aber heraus, daß man zur Erzielung höherer Geschwindigkeiten besser die Drehzahl der Räder erhöhte, was nur durch Verbesserungen an der Schiebersteuerung zu erreichen war. Bis in die achtziger Jahre hatten fast alle Lokomotiven die Stephensonsche Schiebersteuerung, die aus einem einfachen technischen Grund für schnelles Fahren ungeeignet ist: Wenn der Kolben das Ende seines Hubs erreicht hat, muß sein Stoß abgefedert werden; dies erreicht man durch etwas verfrühtes Einlassen des Dampfes für den Rückweg, was als „Voreilung" bezeichnet wird. Es ist charakteristisch für die Stephensonsche Schiebersteuerung, daß die Voreilung erhöht wird, wenn man den Dampfeinlaß verkürzt, damit die Maschine mit Expansion arbeitet. Diese Maßnahme, die bei höherer Geschwindigkeit notwendig ist, erzeugt dann einen Bremseffekt. Deshalb sind Maschinen mit Stephensonsteuerung ausnahmslos träge, wenn sie über eine bestimmte Geschwindigkeit gebracht werden. Was man brauchte, war eine neue Schiebersteuerung mit allen Vorzügen der Stephensonschen Bauart, die mit einer unveränderlichen Voreilung arbeitete. Der Belgier Walschaerts erfand diese neue Schiebersteuerung 1844. Es dauerte jedoch lange, bis sie sich außerhalb Belgiens durchsetzte. Nach Amerika und England kam sie über Neuseeland, dessen Eisenbahnsystem technisch erstaunlich entwickelt war. Sobald Neuseeland im Jahre 1889 selbst Lokomotiven baute, legte es sich auf die Walschaertsteuerung fest. Als einer der Direktoren der Baldwin-Lokomotivfabrik das Land zehn Jahre später bereiste, berichtete er, die NZR habe einen ausgezeichneten Lokomotivpark „abgesehen von ihrer unmöglichen Steuerung". Nach

103 Forneys Patent-Tenderlokomotive war für Vorort- und Kurzstreckenverkehr in Amerika beliebt. Die abgebildete Lokomotive stammt von 1886 und fuhr noch vor kurzem auf der Quiney-Bahn in Kalifornien

Philadelphia zurückgekehrt, probierte er sie jedoch aus und überzeugte sich von ihren Vorzügen. Durch den gleichzeitigen Ersatz der alten, schweren Flachschiebersteuerung durch leichtere Kolbenschieber, die größere Einlaßkanäle ermöglichten, wurde die Zylinderleistung stark verbessert und die Geschwindigkeit der Lokomotive wesentlich gesteigert.

Ein drittes Ziel der verbesserten Lokomotivkonstruktion war die Erhöhung der Nutzleistung. Man war bestrebt, den Druck des ausströmenden Dampfes zu reduzieren und in Leistung zu verwandeln. Die erste Methode war der Verbund: Hier wurde der Auspuff des ersten Zylinders in einen zweiten geleitet, wo er einen neuen Kolbenhub bewirkte. Bei Dampfschiffen hatte man auf diese Art befriedigende Ergebnisse erzielt, und bei Lokomotiven versuchte es als erster der Franzose Anatole Mallet, der 1872 eine Zweizylinder-Verbundlokomotive für die Eisenbahn Bayonne–Biarritz konstruierte [Bild 105]. Deutsche, englische und amerikanische Ingenieure nahmen seine Idee auf und erfanden ver-

schiedene Systeme mit zwei, drei oder vier Zylindern. Drei dieser Systeme gewannen internationale Anerkennung: das französische De-Glehn-System mit zwei Hochdruckzylindern innerhalb des Rahmens und zwei Niederdruckzylindern außerhalb; das amerikanische Vauclain-System, bei dem auf jeder Seite der Lokomotive ein Hoch- und ein Niederdruckzylinder montiert waren, die in einem Gußstück vereinigt waren und einen gemeinsamen Kreuzkopf antrieben, und das deutsche von Borries-System mit einem Hochdruck- und einem Niederdruckzylinder.

Unter der großen Zahl von Verbundlokomotiven war der ausgefallenste und leistungsschwächste Typ eine Konstruktion von F. W. Webb, dem Chefingenieur der London and North Western Railroad Co., einem typisch viktorianischen Autokraten, der bereits eine ansehnliche Zahl konventioneller Lokomotiven gebaut hatte. Er sah bei seiner *Webb* zwei außenliegende Hochdruckzylinder und einen sehr großen Niederdruckinnenzylinder vor. Die beiden ersten trieben

104 *(unten)* Diese 2-1-2 Tenderlokomotive von 1853 nach dem Entwurf von J. Pearson für die Breitspurbahn Bristol – Exeter hatte Treibräder von 275 cm Durchmesser, die größten die mit Erfolg benutzt wurden

105 Zug der Bayonne-Anglet-Biarritz-Eisenbahn in Bayonne. Solche zweistöckigen Personenwagen waren in Frankreich lange beliebt. Die *Anglet*, welche Anatole Mallet 1876 gebaut hatte, war die erste französische Verbundlokomotive

eine Achse; der dritte eine weitere, und in dem mißverstandenen Versuch, die angeblich so positiven Eigenschaften eines freilaufenden Einachsers zu erzielen, waren die Achsen nicht gekuppelt. Weiterhin wurde bei einzelnen Maschinen der Steuerschieber des Niederdruckzylinders durch einen Exzenter angetrieben, um die Kosten für eine Umsteuerung zu sparen, was bedeutete, daß das Rad sich jeweils in der Richtung drehte, wie es zuletzt angetrieben war. Normalerweise machte das nichts aus, denn da die Maschine ihren Zug hinter sich hatte, fing sie an, sich vorwärts zu bewegen, ehe noch der Dampf in den Niederdruckzylinder gelangte, und so nahm der Exzenter die richtige Lage ein. Wenn jedoch der Lokomotivführer unvorsichtig anfuhr oder die Schienen etwas schlüpfrig waren, drehte sich das erste Räderpaar ohne zu greifen, und der Dampf erreichte den Niederdruckzylinder zu früh. Die Lokomotive stand dann still, während ihre Treibräder in entgegengesetzten Richtungen drehten. Dies war eine Quelle der Erheiterung für die Gepäckträger und Eckensteher in Euston, aber durchaus nicht die geeignete Vorbereitung für eine erfolgreiche Fahrt die Camden Bank

hinauf. Einem Autokraten wie Webb wagten jedoch selbst die besten Freunde nichts über einen derartigen Mißerfolg zu berichten; statt dessen entstanden ungezählte Statistiken über die Vorzüge des Webbschen Systems. Doch die anderen englischen Eisenbahnfachleute ließen sich nichts vormachen, denn sie konnten sich ja in Euston selbst informieren. Verschiedene Eisenbahngesellschaften des Auslandes fielen jedoch auf seine Konstruktion herein, darunter auch das ferne Pennsylvanien. Sie bestellten die Webbsche Verbundlokomotive, bezahlten sie auch, und so segelte sie von Liverpool aus in ganzer Pracht mit Läutewerk, Scheinwerfer und Kuhfänger dorthin und ward nie wieder gesehen. Vermutlich fand die Pennsylvania Railroad Co sehr bald heraus, daß sie nichts taugte und versenkte sie im Michigansee.

Die zweite brennstoffsparende Erfindung war überhitzter Dampf. Bahnbrechend waren hier Deutschland und Belgien. Zuerst wurde der Dampf unmittelbar aus dem Kessel entnommen und war oft noch naß. Dies bedeutete nicht nur eine Verschwendung von Brennstoff (denn heißes Wasser leistet keine Arbeit), sondern beschränkte auch den Grad der Ex-

106 Zwei Lokomotiven der London and North Western Railroad Company auf der Weltausstellung in Chicago von 1894, beide Webbsche Verbundmaschinen. Oben eine 1-1-1-1 von 1892 von der Bauart *Greater Britain*, unten eine 1-1-1-0 (1'B) deutscher Bauart

107 Inspektionszug für Ingenieure um 1885 in Neuseeland

pansion, ehe der Dampf zu kondensieren begann. Nun wurde der Dampf auf seinem Weg zum Zylinder durch enge Rohrbündel innerhalb der Kesselrauchrohre geführt, in denen er getrocknet und überhitzt wurde. Infolgedessen konnte er wesentlich mehr Arbeit leisten. Nach einigen Jahren ergab sich dann, daß der Dampf mit Hilfe von Kolbenschiebern, Walschaertsteuerung und Überhitzung bei einfacher Expansion in einem einzigen Zylinder soviel Arbeit leistete, daß die Mehrkosten für das Verbundsystem sich kaum noch lohnten. So wurden nach 1920 die Verbundlokomotiven nach und nach wieder abgeschafft außer in Frankreich, wo man bis zum Ende des Dampfbetriebes dabei blieb.

Vor der Jahrhundertwende kamen alle diese Verbesserungen vom europäischen Kontinent oder von Amerika. England ruhte auf seinen Lorbeeren aus und spielte nicht mehr die führende Rolle wie früher. Acworth beklagte in einer Schrift von 1899 diese Tatsache. Zuerst berichtet er von den hohen Geschwindigkeiten in Frankreich und auf der Strecke Philadelphia–Atlantic City, wo zum erstenmal in der Geschichte Züge mit einer Reisegeschwindigkeit von 100 Stundenkilometern verkehrten, und schreibt dann: „Die gesetzliche Höchstgeschwindigkeit in Frankreich ist niedriger und das übliche Maximum auch in Amerika nicht höher als bei uns. Aber die Reisegeschwindigkeit in diesen Ländern ist größer, weil französische und amerikanische Lokomotiven stark genug sind, um bergauf eine Geschwindigkeit einzuhalten, wie sie unsere Maschinen nur in ebenem Gelände erreichen, und in der Ebene so schnell zu fahren wie unsere Lokomotiven bergab.“ Und er fährt fort: „Vor zwanzig Jahren verstand es sich von selbst, daß fremde Ingenieure auf der Suche nach neuen Ideen und Verbesserungen nach England fuhren. Heute erwartet der Experte des Auslandes auf dem Gebiet des Eisenbahnwesens in England keine Neuerungen mehr, daher begibt er sich nach Amerika ...“

Da die Züge zunehmend schneller und schwerer wurden, war es äußerst wichtig, geeignete Bremsen zu entwickeln.

Daß Amerika dabei führend war, ist begreiflich, da es die schwersten Ladungen beförderte. Robert Stephenson hatte sich 1833 eine Dampfbremse patentieren lassen, die schnelles und wirkungsvolles Bremsen ermöglichte. Durch die Dampfkondensation war sie jedoch zur Verwendung bei Zügen ungeeignet, und so wurden die Wagenbremsen in den nächsten fünfzig Jahren von Hand betätigt. Die Personenzüge in Europa führten besondere, mit Bremsen ausgerüstete Wagen mit, deren Bremswirkung für eine begrenzte Zahl der folgenden Wagen diente und die mit einem Bremser besetzt waren. In Amerika hatte jeder Personenwagen seine eigenen Bremsen. Sie wurden von einem Bremser betätigt, der von Wagen zu Wagen gehen mußte. Bei den amerikanischen Güterzügen liefen die Bremser über die Dächer des Zuges. Dabei hatten sie nicht nur die Bremsen zu bedienen, sondern häufig auch die auf den Dächern mitfahrenden Tramps zu verjagen. Die Bremsvorschriften in England sahen einen Halt vor, wenn der Zug eine Anhöhe erklommen hatte, wobei dann ein Teil der Wagenbremsen angezogen wurden. Wenn der Zug diesen Halt versäumte, konnte er auch am Fuße des Berges nicht mehr gebremst werden. Ebenso machte das Halten bei Signalen oft Schwierigkeiten.

108 Lokomotivenwracks von dem Zusammenstoß bei Norton Fitzwarren am 11. November 1890. Der Breitspur-Personenzug Plymouth—London war mit 90 Stundenkilometer Geschwindigkeit von der Wellington Bank heruntergekommen und von vorn in einen Normalspur-Güterzug hineingefahren. Zehn von den fünfzig Fahrgästen waren tot

109 Mangels sicherwirkender Bremsen müssen die englischen Güterzüge vor jedem steileren Gefälle halten, wo dann die Bremsen von Hand angezogen werden. Ein Halt bei Llanvihangel zwischen Hereford und Newport

Daher fuhren die englischen Güterzüge aus purem Selbsterhaltungstrieb in langsamem Tempo.

Wie auch immer die Handbremsen betätigt wurden, für den Ernstfall waren sie zu umständlich, und so suchte man nach einem Bremssystem, das, von der Lokomotive aus betätigt, unmittelbar auf jedes Wagenrad wirkte. Das Nächstliegende war die unmittelbare Verwendung von komprimierter Luft, und im Jahre 1868 erschienen an amerikanischen Personenzügen die ersten Druckluftbremsen. Sie hatten den Nachteil, daß beim Reißen einer Kupplung auch die Bremsleitung riß und die Bremse illusorisch wurde, wenn sie am dringendsten nötig war. Wessen man bedurfte, war ein Bremssystem, das beim Fehlen des Druckes in Aktion trat. Eine solche Bremse erfand George Westinghouse 1875. Jeder Wagen erhielt einen Druckluftbehälter mit einem Druck von 5–7 Atmosphären, dem gleichen wie in der Druckluftleitung des Zuges. Wenn der Druck in der Leitung fiel, betätigte die Druckluft des Behälters die Bremsen. Nach 1887 wurde die Westinghouse-Bremse in den Vereinigten Staaten allgemein eingeführt.

Die meisten Länder schlossen sich Amerikas Vorbild an, nicht aber England, oder wenigstens nur in Einzelfällen. Einige englische Gesellschaften waren der Ansicht, die Westinghouse-Bremse wäre ein raffiniertes Yankee-Geschäft, und lehnten sie ab. Ein Mister Smith befaßte sich mit der Erfindung einer Bremse, die statt mit Druckluft mit einem Vakuum arbeitete, und wurde darin ermutigt. Im Jahre 1875 hielt man dann in Newark vergleichende Probefahrten ab. Unglücklicherweise war das Ergebnis etwas verwirrend. Bei dem Zug mit Westinghouse-Bremsen setzte die Bremswirkung einige Sekunden früher ein, aber der Zug mit Vakuum-Bremsen kam schneller zum Halten. Die anwesenden Direktoren der verschiedenen Eisenbahngesellschaften schlossen daraus auf die Überlegenheit des Vakuumsystems. Nur eine kleine Minderheit hatte gemerkt, daß Smith unverhältnismäßig viel größere Bremszylinder benutzt hatte, und daß der Test daher über die Wirkungskraft der beiden Bremsarten nichts aussagte.

Doch wählte auf Grund dieses Testes die Mehrzahl der englischen Eisenbahngesellschaften die Vakuumbremse, und ein oder zwei andere Länder folgten ihrem Beispiel. Im Laufe der Zeit erwies sich dies als ausgesprochener Mißgriff, denn es ist eine Binsenweisheit, daß ein Vakuum nicht tiefer als 1 Atmosphäre gehen kann. Dadurch ist jedes Vakuumsystem ein Niederdrucksystem und unvermeidlich schwach oder langsam, manchmal auch beides, außerdem in jedem Fall unverhältnismäßig groß. Einen praktischen Nachteil besitzt das System außerdem: Während sich eine undichte Stelle bei der Westinghouse-Luftdruckleitung durch die herauszischende Luft leicht finden läßt, ist dies bei der Vakuumleitung eine mühselige Angelegenheit. Deshalb hat man es in England nie zu zuverlässigen Bremsleistungen gebracht, und die englischen Güterzüge haben heute noch das gleiche Schneckentempo wie in den achtziger Jahren.

Von den wirtschaftlich-sozialen Auswirkungen der Eisenbahnen bis 1870 war schon im vorigen Kapitel die Rede. Um 1900 hatte die Verstädterung bereits große Ausmaße angenommen. Der nächste Schritt der Entwicklung war eine so starke Vergrößerung der Städte, daß viele Menschen täglich per Bahn vom Wohnort zum Arbeitsplatz gebracht werden mußten. Nun wurde der Vorortverkehr eine neue, wichtige Aufgabe der Eisenbahn, und die technischen Probleme, die sich bei dem dichten Verkehr überfüllter Züge ergaben, mußten gelöst werden. Die ersten Untergrundbahnen entstanden, wenn sie auch nicht allgemein wurden, ehe nach 1890 die Dampfkraft durch Elektrizität ersetzt werden konnte. Eine mit Dampf betriebene Untergrundbahn war eine unerfreuliche Erscheinung. In Amerika zog man vielfach die Hochbahn vor, die auf einem Stahlgerüst über der Straße fuhr [Bild 111], aber auch diese brachte Unannehmlichkeiten. Sie war laut und verdunkelte die Häuser. Allerdings war man in Amerika gegen Hochbahnen wenig vor-

110 Die düstere Industrielandschaft von Pittsburgh im Jahre 1875. Eisenbahnen und Flußdampfer hatten die Entwicklung der Mühlenindustrie ermöglicht, und damit war die landschaftliche Schönheit dahin

112 und 113 *(rechts)* Lokomotivenveteranen in Neuseeland. *Oben:* Drei Vierzylinderverbundlokomotiven der A-Klasse der Pacific-Bahn von 1906 nach de Glehn. Nach fünfzig Jahren sehen sie schon recht heruntergekommen aus. *Unten:* Eine 0-3-1-Tenderlokomotive der „Fa"-Klasse von 1904, die ihre Tage damit beschließt, Wagenladungen von Baumstämmen zu den Mühlen zu befördern

111 *(unten)* Dampfhochbahn der New Yorker Bowery bei Nacht. Die Straßenbahn wurde um die Jahrhundertwende bereits mit Elektrizität betrieben, und bald war es so weit, daß sie die Forney-Lokomotiven ersetzen konnte

eingenommen und ertrug die Belästigungen durch Ruß und Rauch mit Gleichmut.

Die Sicherheitseinrichtungen der Eisenbahnen wurden ständig verbessert. Wenn sich auch die Signale zwischen 1870 und 1900 im Prinzip nicht änderten, wurden sie doch folgerichtiger und allgemeiner angewandt. Schließlich – und das war von nicht geringer Wichtigkeit – bemühten sich die Eisenbahngesellschaften um die Bequemlichkeit der Reisenden. Geräumigere und komfortablere Wagen auf Fahrgestellen mit guter Federung, die man mit Dampf aus der Lokomotive beheizte, wurden allgemein. Die alten Öllampen ersetzte man zuerst durch Gas und dann durch elektrisches Licht. Die Schlafwagen wurden zahlreicher und die ersten Speisewagen wurden eingesetzt. Um 1900 machten in den meisten Ländern die Züge, die auf Hauptstrecken verkehrten, den Eindruck großen technischen Komforts.

BOARD MILLS LTD.

1691 1691
1691
A.T.&S.F.
1691

VIERTES KAPITEL

Eisenbahnen im zwanzigsten Jahrhundert (1900-14)

Die technischen Fortschritte im Lokomotivbau kurz vor der Jahrhundertwende waren beträchtlich, und auch im ersten Jahrzehnt des zwanzigsten Jahrhunderts erfuhren die Lokomotiven zwei wesentliche Verbesserungen. Zunächst wurde ein Typ entwickelt, der sich in der ganzen Welt als Standardtyp verbreitete und für die erste Hälfte des neuen Jahrhunderts ebenso charakteristisch wurde wie die 2-2-0 für den Ausgang des neunzehnten.

Nachdem Zugleistung und Geschwindigkeit der Lokomotiven so erfolgreich gesteigert worden waren, ergab sich als nächste Aufgabe die Erhöhung des Dampfdruckes. Dazu brauchte man ein stärkeres Feuer auf einem größeren Rost, um so mehr, als man mit der langsam brennenden, billigen Braunkohle oder auch mit Anthrazit heizte, je nachdem was sich örtlich anbot. Eine erste Abhilfe schuf hier die Wootten-Feuerbüchse, die in Amerika weithin Anwendung fand. Ihr breiter Rost ragte jedoch seitlich weit über die Räder hinaus und ließ sich nicht mehr unsichtbar innerhalb des Rahmens unterbringen. Wenn die Treibräder nicht ungewöhnlich klein waren, mußte der Rost hinter diesen liegen, und so blieb meist nichts übrig, als ihn auf eine rückwärtige Laufachse zu setzen, die es bis dahin kaum gegeben hatte. Im Jahre 1895 bauten nun die Baldwin-Werke ihre erste 2-2-1; im Grunde war sie nichts anderes als eine vergrößerte 2-2-0 mit zusätzlicher Laufachse für die Wootten-Feuerbüchse,

114 *(links)* Eine Santa Fe 1-5-1 für schwere Güterzüge im Gebirge, die 1912 von der Firma Baldwin gebaut wurde. Sie fährt gerade über den Cajon-Paß in Kalifornien und ist bei dieser Kraftleistung ganz in ihrem Element

115 Eine De Glehn-Verbundlokomotive der Bauart 2-3-0 von der Eleganz der edwardianischen Epoche. Sie wurde 1905 für die Expreßzüge der Belgischen Staatsbahnen gebaut. Gemälde von H. M. le Fleming

stellte jedoch die erste, wirklich moderne Schnellzuglokomotive dar. Maschinen mit dieser Räderanordnung wurden für die „Flyers“ zwischen Philadelphia und Atlantic City benutzt, Expreßzüge, die den Namen *Atlantics* trugen.

Trotz ihrer Erfolge gehörten sie aber als Lokomotiven mit zwei Treibachsen zu einer im Veralten begriffenen Bauart. Wenn eine 2-2-1 einmal im Gange war, entwickelte sie ungeahnte Kräfte; im Anfahren indessen war ihr die 2-3-0

weit überlegen, auch trotz ihrer beengten Feuerbüchse. Aber es vergingen Jahre, bis man darauf kam, daß die 2-3-0 in gleicher Weise verbessert werden konnte. Als erste griff die Neuseeland-Eisenbahngesellschaft diese Idee auf und bestellte im Februar 1901 bei der Firma Baldwin eine Serie von dreizehn Lokomotiven mit der Achsenanordnung 2-3-1. Man gab ihnen wegen ihrer Verbindung zu Neuseeland und als vergrößerten *Atlantics* die Bezeichnung *Pacifics*.

116 Eine 1-2-0 von 1890 und eine 2-1-1 von 1898 (eine kurzlebige Rückwendung zu Einzeltreibachsen), gebaut von den Great Eastern Railways in Stratford. Gemälde von H. M. le Fleming

117 Eine der ersten amerikanischen *Pacifics*, die 1902 von der American Locomotive Company für die Missouri Pacific Railway gebaut wurde

118 *(unten)* Die erstklassigsten Lokomotiven der Welt stellten die als *Pacifics* eingeführten „Q“-Maschinen der New Zealand Railways dar. Im Jahre 1901 lieferte die Firma Baldwin dreizehn Lokomotiven dieser Art. Hier zieht No. 345 einen Güterzug aus dem Bahnhof Frankton

Diese bahnbrechenden Schnellzuglokomotiven [Bild 118] taten in den nächsten fünfzig Jahren gute Dienste, erschöpften aber doch nicht die vollen Möglichkeiten ihres Typs. Auch die zweite Serie der 2-3-1, die im Jahre danach für die Missouri-Pacific-Eisenbahn gebaut wurde [Bild 117], war leistungsmäßig noch nicht ganz befriedigend. Erst als die Lokomotivingenieure im Bestreben, eine noch höhere Leistung zu erzielen, die 2-3-1 genau zu überprüfen begannen, entdeckten sie die diesem Typ innewohnenden Möglichkeiten. Sie bot Raum genug für einen stark vergrößerten Kessel, da die Feuerbüchse auf der Laufachse noch weiter nach rückwärts verlegt werden konnte. Auf einer gutdurchkonstruierten *Pacific* hatte jeder Teil seinen natürlichen Platz. Sie wirkte so ausgewogen, wie sie in der Praxis auch arbeitete, und war der erste Lokomotiventyp, der den Eindruck eines elastischen, zweckhaften Kräftespiels vermittelte. Um 1914 waren England, Rußland und Indien die einzigen größeren Länder der Welt, die keine *Pacifics* verwendeten. Auch die Nachkriegsentwürfe konventioneller Lokomotiven sind meist als verbesserte *Pacifics* zu betrachten. Es waren Versionen mit vier Treibachsen und mit zwei statt einer Laufachse unter der Feuerbüchse, oder andere Abwandlungen dieser Bauart.

Die zweite Neuentwicklung nach 1900 stellte die *Mallet* dar. Als Bahnbrecher der Verbundlokomotiven arbeitete

Anatole Mallet an ihrer weiteren Vervollkommnung. Als er sich dabei näher mit den alten Lokomotivtypen des Simmeringwettbewerbes befaßte, reifte in ihm die Idee einer Bauart, die im Grunde zwei Lokomotiven mit einem Kessel miteinander vereinigte. Die neue *Mallet* hatte zwei Treibachsen und zwei Dampfzylinder auf Drehgestellen, von denen der erste den zweiten mit seinem Abdampf versorgte. In Europa entstanden eine Anzahl früher *Mallets*, die zum Teil heute noch in Betrieb sind, aber erst in Amerika erreichte die Bauart ihre Vollendung und brachte die bisher stärksten Dampflokomotiven hervor.

Die erste amerikanische *Mallet* wurde 1904 für die Baltimore and Ohio Railroad Co gebaut, und sofort übernahmen auch andere Eisenbahngesellschaften diesen Typ. Durch Verdoppelung der Treibachsen verdoppelten sie die Kapazität der äußerst schweren, aber nicht besonders schnellen amerikanischen Güterzüge, ohne daß die Kosten ebenfalls auf das Zweifache stiegen. Besonders begeistert für *Mallet*-Maschinen zeigte sich die Santa-Fe-Kompanie. Sie benutzte sogar für Personenzüge *Mallets* mit größeren Treibrädern und experimentierte, allerdings nicht sehr glücklich, mit einem Gelenkkessel. Um 1918 jedoch fuhr die Virginische Eisenbahn mit *Mallets* vom Typ 1-5-5-1, die für die weitere Entwicklung bahnbrechend wurden [Bild 120]. Für ihre spezielle Aufgabe, den Transport schwerer Güterzüge, ent-

119 Die Franzosen experimentierten mit noch größeren Schnellzuglokomotiven als den Pacific-Typen. Hier sieht man eine 2-3-2 oder *Baltique*, die 1911 von der Chemin de Fer du Nord gebaut wurde

120 *(unten)* Zwei 1-5-5-1 Mallet-Lokomotiven für schwere Güterzüge während des Ersten Weltkrieges. Sie wurden von der American Locomotive Company für die Virginian Railway gebaut

121 und 122 Zwei Schmalspurbahnen in Jenbach bei Innsbruck: *(oben)* Die Lokomotive No. 2 gehört zu der 1-m-Spur der Achenseebahn, die 1889 nach dem Riggenbachsystem in Floridsdorf gebaut wurde. Sie arbeitet sich gerade an ihrer Zahnstange bergauf. *(rechts)* Ein Zug der 75-cm-Spur der Zillertalbahn mit einer 0-3-1 Tenderlokomotive, die 1901 bei Krauß gebaut ist

wickelte die *Mallet* sogar bald bessere Eigenschaften als die *Pacific.*

So erreichte die Dampflokomotive allmählich den Gipfel ihrer technischen Vollkommenheit, aber schon tauchte mit der elektrischen Lokomotive ein Konkurrent auf. Wenn man bedenkt, daß Robert Davidson schon 1842 eine mit Batteriestrom gespeiste elektrische Lokomotive vorgeführt hatte, die

123 Eine 1440-PS-Lokomotive der Baltimore and Ohio Co, die 1895 für die erste elektrifizierte Hauptstrecke der Welt gebaut wurde

124 Elektrische Versuchslokomotive von Siemens und AEG, die 1903 auf der Strecke Marienfelde–Zossen 200 km/h erreichte

auf der Strecke Glasgow–Edinburgh mit einem Gewicht von 6 Tonnen eine Zugleistung von 6 Stundenkilometer aufzuweisen hatte, muß man sagen, daß sich die elektrischen Lokomotiven sehr langsam entwickelt haben. Siemens und andere hatten in den siebziger und achtziger Jahren damit experimentiert, und die New Yorker Hochbahngesellschaft hatte es 1885 mit einer elektrischen Lokomotive von 125 PS versucht, die einen Zug von acht Wagen mit 15 km Stundengeschwindigkeit ziehen konnte. Um 1890 betrieb man bereits mit Erfolg elektrische Straßen- und Untergrundbahnen. Die erste elektrifizierte Bahnstrecke der Welt war ein Abschnitt der Baltimore-Ohio-Bahn von fast 5 km Länge, der durch verschiedene Tunnels führte [Bild 123]. Installiert wurde sie durch die General Electric Co von Schenectady, und die Lokomotive benutzte Gleichstrom. Die anderen führenden Firmen dieser Zeit waren Siemens und AEG in Berlin, welche die kurze Versuchsstrecke Marienfelde–Zossen im Jahre 1901 elektrifizierten [Bild 124] und dort um 1903 eine Geschwindigkeit von 200 km pro Stunde erreichten, außerdem die Firma Ganz in Budapest, welche die erste längere Hauptstrecke auf Elektrizität umstellte; diese ging von Brig durch den Simplontunnel nach Italien und wurde 1906 eröffnet. Alle diese Firmen verwendeten dreiphasigen Wechselstrom, und seitdem ist die Auseinandersetzung, ob Wechselstrom (wirtschaftliche Stromerzeugung, teure maschinelle Einrichtung) oder Gleichstrom (teure Stromerzeugung, einfache Motore) vorzuziehen sei, nicht zum Stillstand gekommen. Zweiphasenwechselstrom wurde erst später benutzt.

Erst in den letzten drei Jahren hat sich gezeigt, wie sehr die Elektrifizierung das Eisenbahnwesen revolutionierte. Die Fachleute hatten das von vornherein prophezeit. Für die 1440 km lange Strecke von Chicago über Buffalo nach New York brauchten Dampfzüge 16 Stunden, und dieselbe Zeit war für Dieselzüge vorgesehen. Im Jahre 1906 versuchte dann die Chicago and New York Air Line Company eine direktere Linie mit elektrischen Zügen zu propagieren, welche die Fahrt in nur 10 Stunden bewältigen sollte. Die Gesellschaft fand für ihren Plan aus kommerziellen Gründen nicht die nötige Unterstützung (im Prospekt hatte sie nämlich geschrieben, es sei ein großer Vorteil, daß die Linie alle Großstädte und verkehrsreichen Städte umgehe), aber technisch waren ihre Vorschläge damals schon völlig durchführbar. Es blieb den Japanern vorbehalten, die erste elektrische Bahnverbindung zwischen Großstädten herzustellen.

Rudolf Diesel war zu dieser Zeit bereits an der Arbeit, hatte jedoch noch keinen großen Namen. Im Jahre 1897 hatte er seine erste stationäre Dieselmaschine gebaut, die aber noch schwerfällig war und nur bei gleichbleibender Geschwindigkeit befriedigend arbeitete. Dieser Mangel war auch die Ursache für den Fehlschlag der ersten Diesellokomotive, einer Maschine von 1000 PS, welche die Firma Diesel-Klose-Sulzer 1912 für die Preußischen Staatsbahnen baute [Bild 126]. Die elektrische Übertragung, die später über die relativ geringe Elastizität des Dieselmotors hinweghalf, war noch nicht erfunden, und die technische Entwicklung steckte noch zu sehr in den Kinderschuhen, um eine mechanische Kraftübertragung zu schaffen, welche die Kluft zwischen einer mit 1000 PS rotierenden Welle und einem stillstehenden schweren Zug überbrückte.

Um 1914 begannen sich die Umrisse eines modernen Eisenbahnsystems deutlich abzuzeichnen. Wegen der erhöhten Anforderungen durch die größeren Geschwindigkeiten mußte das rollende Material stabiler werden, und die hölzernen Personenwagen wurden aus Sicherheitsgründen durch Vollstahlausführungen ersetzt. Dies bedeutete, daß die Züge noch schwerer wurden und die Lokomotiven noch mehr zu leisten hatten. Auch die Signalsysteme wurden reformiert. Die Idee von ferngesteuerten elektrischen oder elektropneumatischen Signaleinrichtungen, mit denen man einen großen Bahnhof von einer einzigen Zentrale aus steuern konnte, kam allenthalben zur Ausführung. Inzwischen war man in

125 Elektrische Dreiphasenlokomotive, welche die Firma Westinghouse 1913 für die italienischen Staatsbahnen baute, 1962 in Genua

126 Die erste Diesellokomotive (1000 PS) für eine Hauptstrecke, von Diesel-Klose-Sulzer 1912 für die Preußischen Staatsbahnen gebaut

A G N°2

128 *(oben)* Eine 2-2-0, 1887 von der Vulcan-Gießerei in Lancashire für die Staatsbahnen von Neusüdwales gebaut und noch heute in fahrbereitem Zustand

127 und 129 Zwei Beyer-Peacock-Lokomotiven.
(ganz links) Die 1-3-1 Tenderlokomotive No. 2 *Villalonga* der Einmeterschmalspurbahn Alcoy–Gandia auf der Fahrt im Gebirge zwischen Valencia und Alicante bei der Wasseraufnahme.
(links) No. 5 *Mona*, eine Einmeterschmalspurlokomotive der Isle of Man Railway von 1874, hält in Castletown

130 Die Camaret-Chateaulin-Bahn, eine Mischung aus Schmalspurgleis und Breitspurlokomotive in Reseau Breton bei Tal-ar-Groas. Diese westlichste Bahn Frankreichs wird noch mit den im Jahre 1904 eingeführten 2-3-0 Tenderlokomotiven betrieben

Amerika bei ebenen Strecken zum automatischen Signalsystem übergegangen und hatte das alte Blocksystem mit seiner Kette von Signalposten fallen gelassen. Verschiedene europäische Länder, vor allem Frankreich, entschlossen sich vor 1914 auch dazu. In England war auf diesem Gebiet die London and South Western Railway den konservativen anderen englischen Eisenbahngesellschaften weit voraus. Nach 1902 stattete sie ihre Strecken mit zahlreichen elektropneumatischen Signaleinrichtungen aus. Eine derartige Signalanlage zwischen Brookwood und Basingstoke für 30 km einer viergleisigen Strecke mit ferngesteuerter Abzweigung ist noch in Betrieb und funktioniert ebenso reibungslos wie die nach neuesten elektronischen Methoden eingerichteten Anlagen. Alle diese Systeme arbeiteten mit Signalarmen. Farbige Lichtsignale waren noch nicht erfunden.

Im Europa der Zeit vor 1914 spielten die privaten Eisenbahngesellschaften mit ihrer verwirrenden Fülle von Dienstuniformen und ihrer speziellen Ausstattung, oft durch ihren zäh verteidigten Lokalpatriotismus, eine führende Rolle, wenn es auch genug staatliche Bahnen gab. Doch bahnte sich eine allgemeine Wandlung an. Italien bietet ein interessantes Beispiel für den allmählichen Übergang der Eisenbahnen in Staatsbesitz. Nach der politischen Einigung des Landes im Jahre 1861 wurden die verschiedenen Linien der ehemals unabhängigen Staaten übernommen und 1865 an Privatgesellschaften verpachtet. Man ging nach dem ungefähren Verlauf der alten politischen Trennungslinien und teilte das Ganze in drei Bezirke, so daß oberitalienische, römische und südliche Eisenbahngesellschaften für die jeweiligen Strecken zuständig waren. Bald gerieten sie jedoch in Finanzschwierigkeiten, und nachdem zwei der oberitalienischen Gesellschaften Bankrott gemacht hatten, versuchte man 1885 eine Reorganisation. Dieses Mal gab es nur eine nord-südliche Trennungslinie, und es entstand eine mediterrane und eine adriatische Eisenbahngesellschaft. Leider war das Resultat auch diesmal nicht besser, und so entschloß sich nach diesen mißlungenen Versuchen die Regierung im Jahre 1905, alle Hauptlinien zu verstaatlichen. Nun konnte das Geld für ein großes Überhol- und Verbesserungsprogramm aufgebracht werden, das unter Mussolini seine Vollendung fand, so daß dieser dann den Ruhm für das Ganze beanspruchte. Die italienischen Bahnen sind nie rentabel gewesen, abgesehen von einer kurzen Zeit während des Faschismus, dessen Buchführung jedoch zweifelhaft ist.

Die Jahre vor 1914 gelten als das Goldene Zeitalter der Eisenbahnreisen. Mit der Eisenbahn fuhr sich's gut bis in die entferntesten Orte der Landkarte, und alles, was der Reisende brauchte, war eine Fahrkarte. Er konnte eine Reise nach Samarkand planen und seine Ankunft auf die Minute voraussagen. Eine Armee von Eisenbahnern garantierte dem Reisenden die Erfüllung des Versprochenen. Das Eisenbahnsystem gehört zu den größten technischen Leistungen der Menschheit. Es zeigte der Welt, daß gemeinsame Ziele und Bemühungen etwas Großes, gänzlich Neues und Gutes schaffen können. Der Reisende von London nach Shanghai wurde im Luxuszug durch zwei Kontinente gefahren. Er sah etwas von der Lebensweise anderer Völker und gewann bei seiner zwangsläufigen Abhängigkeit von der Fürsorge und dem guten Willen von Menschen, deren Sprache und Sitten sich von den seinen unterschieden, die Überzeugung, daß auch sie Menschen wie er seien. Sein Zug mochte in Schneeverwehungen des Ural oder der Karpathen stecken bleiben, Wölfe mochten aus dem Schatten der Bäume auf ihn eindringen, er konnte sicher sein, daß Dutzende oder gar Hunderte von völlig fremden Menschen zu seiner Befreiung herbeieilten, während ein wohlgefüllter Speisewagen seine unbequeme Situation erleichterte.

Es ist heute Mode geworden, zu behaupten, daß alles dies 1914 sein Ende gefunden habe. Einige Teile der Welt, die einst allen Menschen offenstanden, liegen nun hinter dem Eisernen Vorhang. Andererseits haben jetzt unverhältnismäßig viel mehr Menschen Zeit und Geld zum Reisen. Viel-

131 Schnellzug der Simplonbahn bei der Ausfahrt aus Genf im Jahre 1906 mit einer 2-3-0 neuester Bauart

132 Eine der letzten amerikanischen Bahnen mit Dampfbetrieb ist die Great Western Railway mit 75 km Streckenlänge in Nordostcolorado. Eine 1-4-0 No. 51, erbaut 1906 von der Firma Baldwin, an der Spitze eines Güterzuges in Loveland im November 1960

leicht reist jetzt nur noch die Hälfte per Bahn, insofern ist ein Wandel eingetreten. Aber noch haben diejenigen unrecht, welche die Eisenbahn als überlebt bezeichnen. Durch Aufhebung einzelner Nebenlinien gewinnt ihre Behauptung zwar an Wahrscheinlichkeit, aber man kann über die Abschaffung von Eisenbahnen nicht glücklich sein. Diese Erscheinung stellt im allgemeinen einen Rückgang – und sei er noch so gering – der Kräfte der Ordnung und der Dienstleistung dar. Tatsächlich vollbringen trotz der wachsenden Konkurrenz anderer Verkehrsmittel die Eisenbahnen noch immer weitaus die umfangreichsten und zuverlässigsten Transportleistungen. Sie bleiben eine großartige Erfindung und werden in vielleicht völlig veränderten Formen weiterexistieren, solange die menschliche Zivilisation Bestand hat.